愛するということ

THE ART OF LOVING

Erich Fromm

エーリッヒ・フロム

鈴木 晶＝訳

紀伊國屋書店

Erich Fromm
THE ART OF LOVING

Published by arrangement with HarperCollins Publishers, New York,
through Tuttle-Mori Agency, Inc., Tokyo

愛するということ

はじめに

愛するという技術についての安易な教えを期待してこの本を読む人は、がっかりするだろう。この本は、そうした期待を裏切って、こう主張する――愛は、「その人がどれくらい成熟しているかとは無関係に、誰もが簡単に浸《ひた》れる感情」ではない。

この本は読者にこう訴える――人を愛そうとしても、自分の人格全体を発達させ、それが生産的な方向に向かうように全力で努力しないかぎり、けっしてうまくいかない。特定の個人への愛から満足を得るためには、隣人を愛せなくてはならないし、真の謙虚さ、勇気、信念、規律がなくてはならない。これらの特質がほとんど見られない社会では、愛する能力を身につけることは容易ではない。実際、真に人を愛せる人を、あなたは何人知っていますか？

しかし、その仕事が困難だからといって、それを口実に、その仕事の困難さや、その仕事を達成するのに何が必要かを知ろうとする努力を放棄してはいけない。

この本では、問題を必要以上に複雑にしないよう、できるだけ専門用語を使わずに論じるよう心がけた。また同じ理由で、愛に関する文献にも最低限しか言及しなかった。
どうしても完全に満足のいく解決ができなかった問題がひとつある。それは、私がこれまでの著書のなかで表明した考えを繰り返さないようにするということである。なかでも『自由からの逃走』『人間における自由』『正気の社会』をよく知っている読者は、それらの著作のなかで表明されている考えが、この本のなかでも述べられていることに気づくだろう。しかしながら、この『愛するということ』は、けっしてこれまでの著書を要約したものではない。以前に述べた考えに加えて、数多くの新しい考えを提示しているし、きわめて当然ながら、以前に述べた考えも、愛する技術というテーマと関連づけられることで、新しい角度から光をあてられている。

エーリッヒ・フロム

何も知らない者は何も愛せない。何もできない者は何も理解できない。何も理解できない者は生きている価値がない。だが、理解できる者は愛し、気づき、見る。（中略）ある物に、より多くの知がそなわっていれば、それだけ愛は大きくなる。（中略）すべての果実はイチゴと同じ時期に実ると思いこんでいる者は、ブドウについて何ひとつ知らないのである。

パラケルスス〔一六世紀の医学者、神秘思想家、錬金術師〕

目次

本文中、＊は著者による註で、番号を付して「原註」として巻末にまとめた。
［　］も著者による註をあらわす。
傍註（★）、および〔　〕内の註記は、訳註をあらわす。

第一章　愛は技術か

愛は技術だろうか。もし技術だとしたら、知力と努力が必要だ。それとも、愛は快感の一種なのだろうか。つまり、それを経験できるかどうかは運の問題で、運がよければそこに「落ちる」ようなものだろうか。このささやかな本は、愛は技術であるという前者の前提に立っている。ところが、現代人の多くは疑いなく後者のほうを信じている。

だからといって、人びとが愛を軽く見ているというわけではない。それどころか、誰もが愛に飢えている。楽しい、あるいは悲しい恋愛を描いた映画は無数にあるし、他愛のないラブソングが年じゅう流れている。にもかかわらず、「愛について学ばなければならないことがある」と考えている人はほとんどいない。

この奇妙な思いこみは、いくつかの前提に立っている。それらの前提が、個別に、あるいはいくつか組みあわさって、その思いこみを支えているのだ。

第一に、たいていの人は愛の問題を、愛するという問題、つまり愛する能力の問題としてではなく、愛されるという問題として捉《とら》えている。つまり、人びとにとって重要なのは、どうすれば愛されるか、どうすれば愛される人間になれるか、ということだ。この目的を達成するために、人びとが用いる方法はいくつかある。おもに男性が用いる方法は、社会的に成功し、自分の地位で許されるかぎりの富と権力を手中におさめることだ。いっぽう、主として女性が用いる手段は、外見を磨いて自分を魅力的にすることだ。また、男女が共通して用いる、自分を魅力的にする方法は、好感をもたれるような態度を身につけ、気のきいた会話を心がけ、他人の役に立ち、それでいて謙虚で、押しつけがましくないようにする、ということだ。愛される人間になるための方法の多くは、社会的に成功し、「多くの友人を得て、人びとに影響をおよぼす」人間になるための方法と同じだ。実際、現代社会のほとんどの人が考えている「愛される」というのは、人気があることと、セックスアピールがあるということを合わせたようなものだ。

愛には学ぶべきことなど何ひとつない、という考え方を支えている第二の前提は、愛の問題とはすなわち対象の問題であって能力の問題ではない、という思いこみである。人びとは考えている――愛することは簡単だが、愛するにふさわしい相手、あるいはその人に愛されたいと思えるような相手を見つけるのはむずかしい、と。このような考え方には、現代社会の発展と関連したいくつかの理由がある。

そのひとつは、愛の対象の選び方が二〇世紀になってから大きく変化したことである。ヴィクトリア時代〔一八三七—一九〇一年〕には、それまでの伝統的な社会の場合と同じく、愛は、「結婚へと進展しうる自発的で個人的な体験」ではなかった。それどころか、結婚は双方の家や仲人によってまとめられるものであり、そうした仲介者がいない場合でも、しきたりによって取り決められるものだった。結婚は社会的な配慮にもとづいて取り決められるものであり、結婚した後ではじめて愛が生まれるのだと考えられていた。

ところが、ここ数世代のあいだに、恋愛という概念が西洋社会に広く浸透した。アメリカでは、しきたりへの配慮がいっさいなくなったわけではないが、ほとんどの人が「恋愛」、すなわち結婚に結びつくような個人的体験としての愛を追い求めている。この自由な愛という新しい概念によって、能力よりも対象の重要性のほうがはるかに大きくなったにちがいない。

この要因と密接に関連して、現代社会の特徴を示す傾向がもうひとつある。私たちの生きている社会は、購買欲と、たがいに好都合な交換という考え方のうえに立っている。現代人の楽しみとは、わくわくしながらショーウィンドウをながめたり、現金払いであれカード払いであれ、買えるだけの物はなんでも買うことである。そして誰もがそれと同じような目で人間を見ている。男にとっての魅力的な女性、女にとっての魅力的な男性は、自分にとっての「お目当ての商品」なのだ。ふつう「魅力的」という言葉は、人間の市場で人気があり、みんなが欲しがるような特質を「パッケージにした」ものを意味している。

どういう人が魅力的とされるかは、肉体面でも精神面でも、その時代の流行に左右される。一九二〇年代には、お酒を飲んだりタバコを吸う、活発でセクシーな女性が魅力的だとされた。最近は、もっと家庭的で内気なタイプのほうが好かれる。一九世紀末から二〇世紀初頭にかけてのころは、男が魅力的な「商品」になるためには、大胆で野心満々でなければならなかった。いまでは社交的で寛容であることが求められる。

いずれにせよ、ふつう恋愛対象は、自分と交換することが可能な範囲の「商品」に限られる。だから私は「お買い得品」を探す。相手は、社会的価値という観点からみて魅力的でなければならないし、同時にその相手が、私の長所や可能性を、表にあらわれた部分も隠された部分もひっくるめて見極めたうえで、私を欲しがってくれなければならない。このようにふたりの人間は、自分の交換価値の上限を考慮したうえで、市場で手に入る最良の商品を見つけたと思ったときに、恋に落ちる。この取り引きではしばしば、不動産を購入するときと同じように、将来性が重要な役割を演じる。何もかもが商品化され、物質的成功がとくに価値をもつような社会では、人間の愛情関係が、商品や労働市場を支配しているのと同じ交換パターンにしたがっていたとしても、驚くにはあたらない。

愛について学ぶべきものは何もない、という思いこみを生む第三の誤りは、恋に「落ちる」という最初の体験と、愛している、あるいはもっとうまく表現すれば、愛する人とともに生きるという持続的な状態とを、混同していることである。それまで赤の他人どうしだったふたりが、たがいを隔てていた壁を突然取りこわし、親しみを感じ、一体感をおぼえる瞬間は、生涯を通じてもっとも心躍り、胸のときめく瞬間だ。それまで自分の殻《から》に閉じこもり、愛を知らずに生きてきた人ならば、いっそうすばらしい、奇跡的な瞬間だろう。ふいに親しくなるというこの奇跡は、ふたりが性的に惹《ひ》きつけあって結ばれる、つまり性的な関係から交際がはじまった場合のほうが起こりやすい。しかし、この種の愛はどうしても長続きしない。親しくなるにつれ、親密さから奇跡めいたところがなくなり、やがて反感、失望、倦怠が最初の興奮のなごりを消し去ってしまう。しかし、最初はふたりともそんなこととは夢にも思わず、たがいに夢中になった状態、頭に血がのぼった状態を、愛の強さの証拠だと思いこむ。だが、じつはそれは、それまでふたりがどれほど孤独であったかを示しているにすぎないかもしれない。

愛することほど易しいものはない、というこの思いこみは、それに反する証拠が山とあるにもかかわらず、いまもなお愛についての一般的な考え方となっている。これほど大きな希望と期待とともにはじまりながら、決まって失敗に終わる活動や事業など、愛の他には見当たらない。もしこれが何か他の活動なら、人は失敗の原因をぜひとも知りたいと思うだろうし、どうすればうまくいくかを知りたがるだろう。さもなくば、いっさいその活動をやめてしまうはずだ。でも、愛することをやめてしまうことはできない。だとしたら、愛の失敗を克服する適切な方法はひとつしかない。失敗の原因を調べ、そこからすすんで愛の意味を学ぶことである。

そのための第一歩は、生きることが技術であるのと同じく、愛は技術であると知ることである。どうすれば人を愛せるようになるかを学びたければ、他の技術、たとえば音楽、絵画、大工仕事、医学、工学などの技術を学ぶときと同じ道をたどらなくてはならない。

どんな技術を習得する際にも踏まなければならない段階とはどんなものだろうか。

技術を習得する過程は、便宜的に二つの部分に分けることができる。ひとつは理論に精通すること。いまひとつはその習練に励むことである。もし医学を習得したければ、まず人体やさまざまな病気についての多くの事実を学ばなければならない。しかし、そうした理論的知識をすべて身につけたとしても、それだけで医学を身につけたことにはならない。実際の体験をたくさん積んで、理論的知識の集積と実践の結果がひとつに融合し、自分なりの直観が得られるようになったときにはじめて、医学を習得したといえる。この直観こそが、あらゆる技術の習得の本質である。

しかし、理論学習と習練の他に、どんな技術を身につける際にも必要な第三の要素がある。それは、その技術を習得することが自分にとって究極の関心事でなければならない、ということである。この世にその技術よりも大切なものはない、と確信しなくてはならない。このことは音楽にも、医学にも、大工仕事にも、愛にもあてはまる。そして、おそらくここに、現代社会に生きる人びとは、あきらかに失敗を重ねているにもかかわらず、どうして愛するという技術を学ぼうとしないのか、という疑問にたいする答えがある。現代人は心の奥底から愛を求めているくせに、愛よりも重要なことは他にたくさんあると考えているのだ。成功、名誉、富、権力、これらの目標を達成する術《すべ》を学ぶためにほとんどすべてのエネルギーが費やされてしまうために、愛の技術を学ぶエネルギーが残っていないのだ。

人びとはこんなふうに考えている――金や名誉を得る方法だけが習得に値する。愛は心にしか利益を与えてくれず、現代的な意味での利益はもたらしてくれない。われわれはこんな贅沢品《ぜいたくひん》にエネルギーを注ぐことはできない、と。

はたしてそうだろうか。

それはひとまずおくとして、これから、先に述べた分類にしたがって、愛するという技術について論じていく。最初に、愛の理論について論じる。これがこの本の大部分を占めることになるだろう。次に愛の習練について述べる。ただし、他の分野でもそうだが、愛に関しても、その習練について語るべきことはわずかしかない。

第二章　愛の理論

1　愛、それは人間の実存の問題にたいする答え

愛に関するどんな理論も、人間の理論から、つまり人間の実存〔いまここに存在していること〕についての理論からはじめなければならない。動物にも、愛――というより愛に相当するもの――が見られるが、動物の愛情は本能的なものである。人間にも本能的なものがわずかに残っているが、人間が動物と本質的に異なるのは、人間が動物界から、すなわち環境にたいして本能的に適応する世界から抜け出し、自然を超越したということである。

とはいっても、人間が完全に自然から離れてしまうことはなく、人間はあくまで自然の一部だが、ひとたび自然から引き離されると、もう戻ることはできない。ひとたび楽園から、つまり自然と一体化していた原初の状態から追い出されてしまったら、戻ろうとしても、燃える剣をもった智天使に行く手を阻まれてしまう。★人間は、理性を発達さ

せ、もはや取り戻せない人類以前の調和の代わりに、新しい人間的な調和を発見することによって、前進するしかない。

人類全体の誕生にしても、個人の誕生にしても、人間は誕生と同時に、本能が支配する明快な世界から、混沌として不安定な、開かれた世界へと投げ出される。確かなのは過去についてだけで、将来について確かなのは死ぬことだけだ。

人間は理性を授けられている。人間は自分自身を知っている生命である。人間は自分を、仲間を、自分の過去を、未来の可能性を意識している。そう、人間はたえずこのように意識している――人はひとつの独立した存在であり、人生は短い。人は自分の意志とはかかわりなく生まれ、自分の意志に反して死んでいく。愛する人よりも先に死ぬかもしれないし、愛する人のほうが先に死ぬかもしれない。人間は孤独で、自然や社会の力の前では無力だ、と。こうしたことすべてのせいで、人間の孤立無援な生活は、耐えがたい牢獄と化す。この牢獄から抜け出して、外界にいる他の人びととなんらかの形で接触しないかぎり、人は正気を失ってしまうだろう。

★ 神はアダムとイヴを追放したのち、命の木にいたる道を守るため、エデンの園の東に燃える剣と智天使（ケルビム）を置いた。

孤立の経験から不安が生まれる。実際、孤立こそがあらゆる不安の源である。孤立していると、他のいっさいから切り離され、自分の人間的能力を発揮できない。したがって、孤立している人間はまったく無力で、世界に、すなわち事物や人びとに、能動的にかかわることができない。つまり、外界からの働きかけに対応できない。このように、孤立は強い不安を生む。

そればかりでなく、孤立は恥と罪悪感を生む。孤立からくる恥と罪悪感については、聖書のアダムとイヴの物語に描かれている。アダムとイヴは「善悪の区別を知る知恵の木の実」を食べ、神への服従を拒み（不服従の自由がなければ善も悪もない）、自然との原始的で動物的な調和から抜け出して、人間となった。すなわち人間として誕生した。その後、ふたりは「自分たちが裸であることを知り、恥じた」〔旧約聖書「創世記」三・七〕。この古い根源的な神話から読みとるべきことは、一九世紀的な厳格な性道徳だろうか。つまりこの神話が私たちに伝えようとしているのは、性器が丸見えになることは恥ずかしい、ということだろうか。けっしてそうではない。この神話を一九世紀的な精神で理解しようとすると、要点を見落としてしまう。

この神話の要点は次のようなものだろう――男と女は、自分自身を、そしておたがいを知った後、それぞれが孤立した存在であり、別々の性に属している異なった存在であることを知る。しかし、自分たちがともに孤立していることは認識しても、ふたりはまだ他人のままである。まだ愛しあうことを知らないからだ（アダムがイヴをかばおうとせず、イヴを責めることで我が身を守ろうとしたことが、このことをよく示している）。人間がそれぞれ孤立した存在であることは知りながら、いまだ愛によって結ばれることがない——ここから恥が生まれる。同時に、罪と不安もここから生まれる。

このように、人間のもっとも強い欲求は、孤立を克服し、孤独の牢獄から抜け出したいという欲求である。この目的の達成に全面的に失敗したら、精神に異常をきたすにちがいない。なぜなら、完全な孤立という恐怖心を克服するには、孤立感が消えてしまうくらい徹底的に外界から引きこもるしかない。そうすれば、外界も消えてしまうからだ。

どの時代のどんな社会においても、人間は同じひとつの問題の解決に迫られてきた。いかに孤立を克服するか、いかに合一《ごういつ》を達成するか、いかに個人の生活を超越して他者と一体化するか、という問題である。洞窟に住む原始人も、羊の群れを見張る遊牧民も、エジプトの農民も、フェニキアの商人も、ローマの兵士も、中世の僧侶も、日本のサムライも、現代の事務員や工員も、直面する問題はみな同じだ。なぜ同じかといえば、その問題が同じ土壌から生まれたものだからだ。同じ土壌とは、人間の置かれている状況、人間が生きるための諸条件である。

しかし、問題は同じでも解決策はさまざまだ。人間はこの問題を解決するために、動物を崇拝し、人間を生贄《いけにえ》に捧《ささ》げ、軍隊による征服をおこない、あるときは贅沢にふけり、またあるときは禁欲的にすべてを断念し、または仕事に熱中したり、芸術的創造に打ちこんだりする。さらには神への愛や人間愛によって、この問題を解決しようとしてきた。このようにさまざまな解決策がある。その解決策の記録が人類の歴史なのだ。

しかし、多いといっても無数にあるわけではない。いやむしろ、些末なちがいを無視すれば、これまでさまざまな文化に属する人間が実際に出してきた答えも、出す可能性のあった答えも、その数は限られている。宗教史や哲学史は、多様だが数の限られた、そうした答えの歴史なのだ。

どのような答えを出すかは、ある程度、その人間がどれくらい個人として自立しているかによる。幼児の場合は、「私」がまだほんのわずかしか発達していない。幼児はまだ母親との一体感を保っているので、母親がそばにいるかぎり、孤立感をおぼえることはない。母親が実際にそこにいて、その乳房や肌に触れることができさえすれば、幼児の孤立感は癒《いや》される。ところが、しだいに孤立感や個人としての意識が大きくなるにつれ、母親がそこにいるというだけでは満足できなくなり、別の方法で孤立感を克服したいという欲求が生まれる。

それと同じように、まだ揺籃期《ようらんき》にある人類は自然との一体感を抱いている。人間の世界には、まだ土も動物も植物もある。人間はまだ自分を動物と同一視している。動物の仮面をかぶったり、トーテム〔原始的な部族が崇拝する自然物〕動物や動物神を崇拝するのは、そのあらわれである。しかし、人類がそうした原初的な絆から抜け出すにつれ、それだけ自然界から分離し、孤立感から逃れる新しい方法を見つけたいという欲求が強くなる。

そうした目的を達成するひとつの方法が、ありとあらゆる種類の祝祭的興奮状態である。いわばお祭りの乱痴気騒《らんちき》ぎのようなものだ。これは自己催眠的な恍惚《こうこつ》状態という形をとることもあるし、麻薬の助けを借りることもある。原始的な部族に見られる多くの儀式は、この種の解決法をはっきりと示している。つかのまの高揚《こうよう》状態のなかで、外界は消え失せ、それとともに外界からの孤立感も消える。そうした儀式は共同でおこなわれるので、集団との一体感が加わり、それがこの解決法をいっそう効果的にする。

この祝祭的興奮状態と密接な関係があり、しばしばそのなかに混じっているのが、セックスである。性的絶頂感は、トランス状態やある種の麻薬の効果と似た状態をつくり出す。性的な乱交の儀式は、多くの場合、原始的な儀式の一部であった。人びとはこの集団的な興奮状態を経験した後、しばらくは孤立感にそれほど苦しまずにすんだようだ。やがて少しずつ不安による緊張感がつのってくると、ふたたび儀式が繰り返されて、緊張が解かれるのだった。

こうした祝祭的興奮状態に部族全員がそろって参加しているかぎり、人びとのあいだに不安や罪悪感は生まれない。それに参加することは正しいこととされ、美徳でさえある。それは祈禱師《きとうし》や祭司《さいし》が認め、命じたものであり、部族の全員が参加するものだからだ。だから罪悪感をおぼえたり恥じたりする理由はまったくない。

しかし、そうした共同の行事を捨ててしまった社会に生きる個人は、そういう解決法を選ぶわけにはいかない。祝祭的興奮状態を知らない社会に生きる人間が選ぶ解決法は、酒や麻薬に溺れることだ。社会的に決められた解決法に参加する人びととは対照的に、彼らは罪悪感と良心の呵責《かしゃく》にさいなまれる。孤立感から逃れようとして酒や麻薬に逃避した人間は、興奮状態が過ぎるといっそう孤立感が深まり、ますます酒や麻薬の助けを借りるはめになる。

セックスによる興奮状態の助けを借りるという解決法は、それとは少しちがう。セックスは、ある程度、孤立感を克服する自然で正常な方法であり、孤独の問題にたいする部分的な答えである。しかし、他の方法で孤立感を癒すことのできない人びとが性的絶頂感を追求するのは、酒や麻薬にふけるのとあまりちがわない。そういう人たちにとっては、セックスは孤立の不安から逃れるための唯一の手段であり、結局は孤立感を深めてしまう。なぜなら、愛のないセックスは、男と女のあいだに横たわる暗い川に、ほんのつかのまし か橋をかけないからである。

興奮状態による合一体験には、それがどんな形であれ、三つの共通する特徴がある。第一に、強烈であり、ときには激烈ですらある。第二に、精神と肉体の双方にわたって、人格全体に起きる。第三に、長続きせず、断続的・周期的に起きる。

これにたいして、過去においても現在においても、人間が孤立感を克服する解決法としてこれまでもっとも頻繁に選んできた合一の形態は、集団、慣習、しきたり、信仰への同調にもとづいた合一である。これは、興奮状態による合一体験とは正反対の特徴をもっている。そしてこの形の合一も、歴史的に見ると、それなりの発達をしてきた。

原始社会では、個々の集団の規模は小さく、血のつながりがあり、土地を共有する人びとからなっている。文化が発達するにつれ、集団の規模も大きくなり、都市国家《ポリス》の市民、大きな州の市民、教団の成員となる。ローマの市民はたとえ貧しくとも、「私はローマ人である」(civis romanus sum)と言えることに誇りを感じていた。ローマとその帝国は彼の家族であり、家であり、世界であった。

現代の西洋社会でも、孤立感を克服するもっとも一般的な方法は、集団に同調することである。同調することで、個人の自我はほとんど消え、集団の一員になりきることができる。もし私がみんなと同じになり、他の人とちがった思想や感情をもたず、習慣においても服装においても思想においても、集団全体に同調すれば、私は救われる。孤独という恐ろしい経験から救われる。

人びとを集団に同調させるために、独裁体制は威嚇《いかく》と脅迫を用い、民主的な国家は暗示と宣伝を用いる。たしかに、この二つのシステムのあいだには、大きなちがいが一つある。全体主義体制においては、服従を拒むのはごく少数の特別な英雄か殉教者だけだが、民主主義においては、集団に同調しないことも可能であり、実際、同調しない人がまったくいないわけではない。しかし、こうしたちがいにもかかわらず、民主主義社会においても、ほとんどすべての人が集団に同調している。

なぜなら、いかにして合一感を得るかという問いには、どうしてもなんらかの答えが必要であり、他によい方法がないとなると、集団への同調による合一がいちばんよいということになる。孤立したくないという欲求がいかに強いものであるかがわかれば、他の人と異なることへの恐怖、群れからほんのわずかでも離れる恐怖がいかに大きいものであるかがわかるだろう。しばしば、「集団に同調しないことの恐怖は、同調しないと実際にひどい目にあうかもしれないという恐怖だ」と、もっともらしく説明される。だが実際には、少なくとも西洋の民主主義社会では、人びとは強制されて同調しているのではなく、みずから欲して同調している。

ところがたいていの人は、集団に同調したいという欲求を自分がもっていることに、気づいてすらいない。誰もがこんな幻想を抱いている――私は自分の考えや好みにしたがって行動している、私は個人主義者で、私の意見は自分で考えた結果であり、それがみんなの意見と同じだとしても、それはたんなる偶然にすぎない、と。彼らは、みんなと意見が一致するときは、「自分の」意見の正しさが証明されたと考える。それでも、自分は少しは他人とちがっていると思いたがるが、そうした欲求は、ごく些細《ささい》なちがいでみたされる。ハンドバッグやセーターについているブランド名とか、銀行員の名札とか、共和党ではなく民主党を支持するとか、シュライン会ではなくエルクス会〔いずれもアメリカの友愛結社〕に入る、といったことが、自分が他の人とちがうことを示す証《あかし》となる。「これは他のとはちがいます」という宣伝コピーは、他の人とはちがっていたいという この悲痛な願いをよく物語っている。だが、実際にはほとんどちがっていないのだ。

われわれはほとんどちがいがないというこの傾向は、先進工業国で発達しているような、平等の概念や平等体験と密接な関係がある。

かつて宗教の世界では、平等といったら、われわれはみな神の子であり、誰もが同じ人間としての高貴な資質をそなえており、われわれはみな同じひとりの人間である、という意味だった。それはまた同時に、個人と個人のちがいは尊重されなければならない、われわれがそれぞれひとりの人間であることは確かだが、それと同時にわれわれ一人ひとりは唯一無二の存在であり、それ自体がひとつの宇宙である、という意味でもあった。個人はそれぞれ唯一無二だというこの確信は、たとえば次のようなタルムード〔ユダヤ教の聖典〕の言葉にもあらわれている。「ひとつの生命を救うものは全世界を救ったも同然だ。ひとつの生命を滅ぼす者は全世界を滅ぼしたも同然である」

啓蒙主義哲学者たちも、個性の発達のための一条件としての平等という意味で、平等の概念を用いた。啓蒙主義哲学者たちによれば（これをもっとも明確に定式化したのはカントだが）、何びとも他人の目的達成のための手段であってはならない、平等とはすなわち、自分自身こそが目的であって、自分はけっして他人の手段ではないということである。どの流派の社会主義思想家たちも、啓蒙思想の流れをくんで、平等を、搾取の廃止、すなわち利用の仕方が残虐であれ「人道的」であれ、人間が人間を利用することの廃絶、と定義した。

現代の資本主義社会では、平等の意味は変わってきている。今日、平等といえば、それはロボットの、すなわち個性を失った人間の平等である。現代では平等は「一体」ではなく「同一」を意味する。それは、同じ仕事をし、同じ趣味をもち、同じ新聞を読み、同じ感情や同じ考えをもつといった、さまざまなちがいを切り捨てた同一性である。

この点からすると、男女平等のような、ふつうわれわれの進歩の象徴として賞賛されていることがらも、多少は懐疑の目をもって見る必要がある。もちろん私は男女平等に反対ではない。私の言いたいのは、平等志向の肯定的な側面にばかり目を奪われてはいけないということだ。平等志向も、差異をなくそうとする風潮のあらわれである。残念ながら、男女平等が広がったために、男女が平等なのは男女にちがいがないからだ、という思いこみが生まれた。啓蒙主義哲学が唱えた「魂に性別はない」（l'âme n'a pas de sexe）という主張はいまや広く普及した。性の二極性は消えつつある。だがそれとともに、この二極性にもとづいた恋愛も消えつつある。かくして男女は、両極的存在として平等なのではなく、同一になってしまった。

現代社会は、この没個性的な平等こそが理想であると説く。粒のそろった原子のような人間が必要だからだ。そのほうが、数多く集めても摩擦なしに円滑に働かせることができる。全員が同じ命令にしたがっているにもかかわらず、誰もが、自分は自分の欲求にしたがっているのだと思いこんでいる。現代の大量生産が商品の標準化を必要としているように、現代社会の仕組みは人間の標準化を必要としている。そしてその標準化が「平等」と呼ばれているのだ。

集団への同調による一体感は、強烈でも激烈でもなく、おだやかで惰性的《だせいてき》だ。したがって当然ながら、孤立からくる不安を癒すには不十分だ。現代の西洋社会に見られるアルコール依存症、薬物依存症、セックス依存症、自殺などは、集団への同調がかならずしもうまくいっていないことのあらわれといえる。しかも、この解決法はおもに精神にとって効果的で、肉体にはあまり効果的でないので、この点でも祝祭的興奮状態に比べると不十分である。

だが集団への同調にも、ひとつだけ利点がある。断続的でなく、長続きするということである。三歳か四歳のころに同調の仕方を教えられると、その後けっして集団との接触を失うことはない。生涯最後の社会的出来事である葬儀ですら、厳格に慣習にしたがって執《と》りおこなわれる。

孤立から生じる不安をやわらげる方法としての集団への同調に加えて、現代生活のもうひとつ別の要素を考察しなければならない。それは、仕事も娯楽も型どおりのものになっているという点である。現代人はみな「九時五時人間」であり、社会全体の労働力の、つまり事務員や管理職からなる集団勢力の、一要素になっている。自発的に行動することはほとんどなく、仕事の内容はあらかじめ決められている。この点に関しては、ピラミッドの上のほうにいる者も下のほうにいる者もほとんどちがいはない。全員が、組織全体の構造によってあらかじめ決められた仕事を、決められたペース、決められたやり方で、こなしていく。おまけに、快活さ、寛容、信頼性、野心、誰とでも衝突せずにうまくやっていく能力など、感情面ですらあらかじめ決められている。

仕事ほど極端ではないが、娯楽もまた同じように型どおりのものになっている。読むべき本はブッククラブによって選ばれ、観るべき映画は映画会社や映画館経営者や彼らが出資した広告コピーによって選ばれる。休暇の過ごし方も画一的だ。日曜日にはドライブに出かける、テレビを見る、ゲームをする、パーティを催す、など。

誕生から死まで、日曜から土曜まで、朝から晩まで、すべての活動が型にはめられ、あらかじめ決められている。このように型にはまった活動の網にとらわれた人間は、以下のことを忘れてしまう——自分が人間であること、唯一無二の個人であること、たった一度だけ生きるチャンスを与えられたこと、希望もあれば失望もあり、悲しみや恐れ、愛への憧《あこが》れや、無と孤立の恐怖もあること。

一体感を得る第三の方法は、創造的活動である。これには芸術的なものもあれば、職人的なものもある。どんな種類の創造的活動でも、創造する人間は素材と一体化する。素材は、彼の外にある世界を象徴している。大工がテーブルをつくる場合であれ、職人が宝石を削って磨きあげる場合であれ、農民が穀物を育てる場合であれ、画家が絵を描く場合であれ、どんなタイプの創造的活動においても、働く者とその対象は一体となり、人間は創造の過程で世界と一体化する。ただし、このことがあてはまるのは、生産的な仕事、つまり自分で計画し、生産し、自分の目で仕事の結果を見るような仕事のみである。どこまでも続くベルトコンベアに労働者が張りついているような、現代の労働の仕組みには、そうした仕事の対象との一体感はほとんど見られない。労働者は機械や会社組織の付録になっている。彼はもはや本来の彼ではない。そのため、同調以上の一体感はけっして得られない。

生産的活動で得られる一体感は、人間どうしの一体感ではない。祝祭的な融合から得られる一体感は一時的である。集団への同調によって得られる一体感は偽りの一体感にすぎない。だから、いずれも、実存の問題にたいする部分的な回答でしかない。完全な答えは、人間どうしの一体化、他者との融合、すなわち愛にある。

自分以外の人間と融合したいというこの欲望こそが、人間のもっとも強い欲望である。それはもっとも根源的な熱情であり、人類を、部族を、家族を、社会を結束させる力である。融合を達成できないと、正気を失うか、破滅する。自分が破滅する場合もあれば、他の人びとを破滅させる場合もある。この世に愛がなければ、人類は一日たりとも生き延びることはできない。

しかしながら、人間どうしの結合の達成を「愛」と呼ぶと、たいへん面倒なことになる。というのも、融合を達成するにはいろいろな方法がある。しかも、そうした方法どうしのちがいは、愛のさまざまな形どうしのちがいと比べても、けっして小さいわけではない。それらをすべて愛と呼ぶべきだろうか。それとも、「愛」という言葉は、西洋および東洋の四千年にわたる歴史における、すべての偉大な人間中心主義的な宗教や哲学体系において理想的な徳とされてきた、特別な種類の結合を意味する言葉として、とっておくべきだろうか。

言葉の意味というのはいつでも厄介なものだが、ここでも、答えは恣意的《しいてき》なものとならざるをえない。大事なのは、「愛」と言ったとき、どういった種類の結合のことを言っているのかを、私たちが了解していることだ。「愛」と言ったときに、実存の問題にたいする、熟慮の末の答えとしての愛のことを指しているのか、それとも共棲的結合とでも呼びうるような未成熟な形の愛のことを言っているのか。以下の記述においては、前者だけを愛と呼ぶつもりだが、まず後者から「愛」に関する議論をはじめよう。

共棲的《きょうせいてき》結合の生物学的な形は、妊娠している母親と胎児の関係に見られる。母親と胎児はふたりであると同時にひとりである。ふたりは「ともに」生きており(symbiosis)、たがいを必要としている。胎児は母親の一部であり、必要な物はすべて母親から受けとる。母親はいわば胎児の全世界である。いっぽう母親は胎児に栄養を与え、保護していうが、同時に彼女自身の人生は胎児によって拡大する。

心理的な共棲的結合の場合には、ふたりの体はそれぞれ独立しているが、心理的にはどちらにも似たような愛着がある。

共棲的結合の受動的な形は、服従の関係である。臨床用語を使えばマゾヒズムである。マゾヒスティックな人は、耐えがたい孤立感・孤独感から逃れるために、自分に指図し、命令し、保護してくれる人物の一部になりきろうとする。その人物はいわば自分の命であり、酸素である。自分の服従する者が人間であれ神であれ、その者の力はふくれあがる——その支配者はすべてであり、いっぽう自分は、支配者の一部だという点を除けば、無である。ただ、私は支配者の一部であるから、偉大さ、力、確実性の一部でもある。マゾヒスティックな人は、自分で決定をくだす必要がないし、危険をおかす必要もない。けっして一人ぼっちにはならない。ただし、自立しているわけでもない。人格が統一されていない。いわば、まだ完全には生まれていないのだ。宗教の場合、崇拝の対象は偶像と呼ばれる。マゾヒスティックな愛情関係という現世的な文脈においても、本質的なメカニズムはやはり偶像崇拝である。また、マゾヒスティックな関係に、肉体的・性的欲望が混じりこむこともある。その場合には、精神的に服従するだけでなく、肉体においても服従することになる。宿命や、病気や、リズミカルな音楽や、薬物や催眠術による興奮状態への、マゾヒスティックな服従というのもありうる。どの場合にも、服従する人は人格のまとまりを捨て去り、自分の外にある人や物の道具になりさがる。そうすれば、生産的活動によって生の問題を解決する必要がなくなるからだ。

その反対、つまり共棲的融合の能動的な形は支配である。マゾヒズムに対応する心理学用語を使えば、サディズムである。サディスティックな人は、孤独感や閉塞感《へいそくかん》から逃れるために、他人を自分の一部にしてしまおうとする。自分を崇拝する他人を取りこむことによって、自分自身をふくらませるのだ。

マゾヒスティックな人がサディスティックな人に依存しているのと同じくらい、サディスティックな人も自分に服従する人物に依存している。どちらも相手なしには生きていけない。両者のちがいは、サディスティックな人は命令し、利用し、傷つけ、侮辱し、マゾヒスティックな人は命令され、利用され、傷つけられ、侮辱される、というだけだ。表面的にはかなりちがうが、より深い感情面では、両者の相違点は共通点よりも少ない。その共通点とは、完全性に到達しない融合という点である。これが理解できれば、同じひとりの人が、ふつうは別々の対象にたいして、サディストにもマゾヒストにもなりうるという事実も、それほど意外ではなくなる。たとえばヒトラーは、民衆にたいしてはサディスティックにふるまったが、運命、歴史、そして自然という「高位の力」にたいしてはマゾヒスティックだった。彼の末路、すなわち全面的敗北のなかでの自殺は、全面的支配という彼の夢に劣らず、彼の特徴をよくあらわしている。*1

共棲的結合とはおよそ対照的に、成熟した愛は、自分の全体性と個性を保ったままでの結合である。愛は、人間のなかにある能動的な力である。人を他の人びとから隔てている壁をぶち破る力であり、人と人とを結びつける力である。愛によって、人は孤独感・孤立感を克服するが、依然《いぜん》として自分自身のままであり、自分の全体性を失わない。愛においては、ふたりがひとりになり、しかもふたりでありつづけるというパラドックスが起きる。

愛は活動であると言ってしまうと、いささか面倒な問題が生じる。「活動」という言葉の意味が曖昧《あいまい》だからである。現代の用法では、「活動」というと、エネルギーを費やして現在の状況に変化を与えるような行為を指す。事業に取り組んだり、医学を勉強したり、どこまでも続くベルトコンベアに張りついて働いたり、テーブルをつくったり、スポーツを楽しんだりすると、その人は活動的だとみなされる。これらの活動すべてに共通しているのは、達成すべき目標が自分の外側にあるという点である。そこには、活動の動機は含まれていない。たとえば、強い不安と孤独感にさいなまれて休みなく仕事に駆り立てられる人もいれば、野心や金銭欲から仕事に没頭する人もいる。どちらの人も情熱の奴隷になっており、彼の活動は、能動的に見えてじつは「受動的」である。自分の意志ではなく、駆り立てられているのだから。

いっぽう、静かに椅子にすわって、自分自身に耳を傾け、世界との一体感を味わうこと以外なんの目的ももたずに、ひたすら物思いにふけっている人は、外見的には何もしていないので、「受動的」と言われる。だが実際は、精神を集中した瞑想《めいそう》は、きわめて高度な活動である。内面的な自由と自立がなければ実現できない、魂の活動である。

以上をまとめると、活動の、現代における意味のひとつは、自分の外にある目的のためにエネルギーを注ぐことであり、もうひとつの意味は、外界の変化にかかわりなく、自分に本来そなわっている力を用いるということである。

後者の意味における活動について、もっとも明快に述べたのはスピノザ〔一七世紀オランダの哲学者〕である。彼は感情を、能動的な感情と受動的な感情、「行動」と「情熱」とに分ける。能動的感情を行使するとき、人は自由であり、自分の感情の主人であるが、受動的な感情を行使するときには、人は駆り立てられ、自分では気づいていない動機の僕《しもべ》である。かくしてスピノザは、徳と力とは同じひとつのものであるという結論に達する。*2 羨望、嫉妬、野心、貪欲《どんよく》などは情熱である。それにたいして、愛は行動であり、人間的な力の実践であって、自由でなければ実践できず、その実践を強制することは絶対にできない。

愛は能動的な活動であり、受動的な感情ではない。そのなかに「落ちる」ものではなく、「みずから踏みこむ」ものである。愛の能動的な性格を、わかりやすい言い方で表現すれば、愛は何よりも与えることであり、もらうことではない、と言うことができよう。

与えるとはどういうことか。この疑問にたいする答えは単純そうに思われるが、じつはとても曖昧で複雑である。いちばん広く浸透している誤解は、与えるとは、何かを「あきらめる」こと、剝《は》ぎとられること、犠牲にすること、という思いこみである。性格が、受けとり、利用し、貯《た》めこむといった段階から抜け出していない人は、与えるという行為をそんなふうに受け止めている。

商人的な性格の人は喜んで与える。ただしそれは見返りがあるときだけだ。彼にとって、与えても見返りがないというのは騙《だま》されるということである。[*3] 基本的に非生産的な性格の人は、与えることは貧しくなることだと感じている。そのため、このタイプの人はたいてい与えることをいやがる。

いっぽう、与えることは犠牲を払うことだから美徳である、と考えている人もいる。そうした人たちに言わせると、与えることは苦痛だからこそ与えなければならない。彼らによれば、犠牲を甘んじて受け入れる行為にこそ、与えることの美徳がある。彼らにとって、もらうより与えるほうがよいという規範は、喜びを味わうよりも剝奪《はくだつ》に耐えるほうがよいという意味なのだ。

生産的な性格の人にとっては、与えることはまったくちがった意味をもつ。彼らにとって、与えることは、自分のもてる力のもっとも高度な表現である。与えるというまさにその行為を通じて、私は自分のもてる力と豊かさを実感する。この生命力と能力の高まりに、私は喜びをおぼえる。私は自分が生命力にあふれ、惜しみなく消費し、いきいきとしているのを実感し、それゆえに喜びをおぼえる。[*4] 与えることはもらうよりも喜ばしい。それは剝ぎとられるからではなく、与えるという行為が自分の生命力の表現だからである。

この原理が正しいことは、さまざまな現象にあてはめてみれば簡単にわかる。いちばんわかりやすい例はセックスだ。男の性的能力は、与えるという行為において頂点に達する。男は自分自身を、自分の性器を、女に与える。絶頂に達した瞬間、男は女に精液を与える。性的能力があるかぎり、与えないではいられない。与えることができなければ、男は性的不能《インポテンツ》である。女の場合も、もう少し複雑だが、事情はほとんど変わらない。女もまた自分自身を与える。女性の中心へといたる門を開き、もらうという行為を通じて与えるのだ。もしこの与える行為ができないならば、つまりもらうだけなら、その女性は不感症である。

女の場合、与えるという行為はもう一度繰り返される。ただし今度は恋人としてではなく、母親として。女は自分の内部で成長する子どもに自分自身を与える。幼児に乳を与え、体の温《ぬく》もりを与える。彼女にとっては、与えないほうがむしろ苦痛だろう。

物質の世界では、与えるということはその人が裕福だということである。たくさんもっている人が豊かなのではなく、たくさん与える人が豊かなのだ。ひたすら貯めこみ、何かひとつでも失うことを恐れている人は、どんなにたくさんの物を所有していようと、心理学的にいえば、貧しい人である。気前よく与えることのできる人が、豊かな人なのだ。豊かな人は、自分は自分の物を他人に与えられる人間なのだと実感する。生きていくのに最低限必要な物しかもっていない人は、物を与えるという行為に喜びを感じることができない。だが日常の経験からわかるように、人がどの程度を最低限の必需品とみなすかは、実際にどれくらいもっているかだけでなく、その人の性格に左右される。誰もが知っているように、貧しい人のほうが裕福な人よりも気前よく与える。とはいえ、貧困もある限度を超えると、与えることができない。貧困は人を卑屈にするが、それは貧困生活がつらいからだけでなく、与える喜びが奪われるからでもある。

しかし、与えるという行為のもっとも重要な部分は、物質の世界にではなく、ひときわ人間的な領域にある。では、ここでは人は他人に、物質ではなく何を与えるのか。それは自分自身、自分のいちばん大切なもの、自分の生命だ。これは別に、他人のために自分の生命を犠牲にするという意味ではない。そうではなく、自分のなかに息づいているものを与えるということである。自分の喜び、興味、理解、知識、ユーモア、悲しみなど、自分のなかに息づいているものすべてを与えるのだ。

このように人は自分の生命を与えることで他人を豊かにし、自身を活気づけることで他人を活気づける。もらうために与えるのではない。与えること自体がこのうえない喜びなのだ。だが、与えることによって、かならず他人のなかに何かが生まれ、その生まれたものは自分に跳《は》ね返ってくる。ほんとうの意味で与えれば、かならず何かを受けとることになる。与えることは、他人をも与える者にする。たがいに相手のなかに芽生えさせたものから得る喜びを分かちあうのだ。与える行為のなかで何かが生まれ、与えた者も与えられた者も、たがいのために生まれた生命に感謝する。とくに愛に限っていえば、こういうことになる——愛とは愛を生む力であり、愛せなければ愛を生むことはできない。

マルクスはこのことを次のようにみごとに表現している。「人間を人間とみなし、世界にたいする人間の関係を人間的な関係とみなせば、愛は愛としか、信頼は信頼としか交換できない。その他も同様だ。芸術を楽しみたければ、芸術について学んだ人間でなければならない。人びとに影響をおよぼしたいと思うなら、実際に他の人びとをほんとうに刺激し、影響を与えられるような人間でなければならない。人間や自然にたいする君のかかわり方はすべて、自分の意志の対象にとってふさわしい、君の現実の、個人としての生の明確な表出でなければならない。もし人を愛しても、その人の心に愛が生まれなかったとしたら、つまり自分の愛が愛を生まないようなものだったら、また、愛する者としての生の表出によっても、愛される人間になれなかったとしたら、その愛は無力であり不幸である」[*5]

しかし、与えることがすなわち与えられることだというのは、別に愛に限った話ではない。教師は生徒に教えられ、俳優は観客から刺激され、精神分析医は患者によって癒される。ただしそれは、たがいに相手をたんなる対象として扱うのではなく、純粋かつ生産的にかかわりあったときにしか起きない。

あらためて強調するまでもないが、与えるという意味で人を愛せるかどうかは、その人の人格がどれくらい発達しているかによる。愛するためには、人格が生産的な段階に達していなければならない。この段階に達した人は、依存心、ナルシシズム的な全能感、他人を利用しようとか、なんでも貯めこもうという欲求をすでに克服し、自分のなかにある人間的な力を信じ、目標達成のために自分の力に頼ろうという勇気を獲得している。これらの性質が欠けていると、自分を与えるのが怖く、したがって愛する勇気もない。

愛の能動的な性質を示しているのは、与えるという要素だけではない。どんな形の愛にも、かならず共通する基本的要素がいくつか見られるが、ここにも、愛の能動的な性質があらわれている。その要素とは、配慮、責任、尊重、知である。

愛に配慮が含まれていることをいちばんはっきりと示しているのは、子どもにたいする母の愛である。もし、ある母親に子どもにたいする配慮が欠けているのを見てしまったとしたら、つまり子どもに食べ物をあげたり、風呂に入れたり、快適な環境を与えるのを怠っているのを見てしまったら、たとえその母親が子どもを愛していると言ったとしても、その言葉を信じることはできないだろう。反対に、母親が子どものことをあれこれ気づかっているのを見れば、その愛に打たれるだろう。動物や花にたいする愛情の場合にも同じことがあてはまる。もしある女性が花が好きだといっても、彼女が花に水をやるのを忘れているのを見てしまったら、私たちは花にたいする彼女の「愛」を信じることはできないだろう。愛とは、愛する者の生命と成長を積極的に気にかけることである。この積極的な配慮のないところに愛はない。

愛に含まれるこの要素は、旧約聖書のヨナ書に美しく描かれている。神はヨナに、ニネベの町へ行って、悪行をあらためないと天罰がくだると警告しなさい、と命じた。だがヨナは任務を放棄して逃げた。警告すれば、ニネベの人びとが悔いあらため、神は彼らを許すのではないかと恐れたのだ。ヨナは法と秩序に厳格な男だったが、愛に欠けていたのだ。ところがヨナは逃げる途中でクジラに呑《の》みこまれてしまう。これは、愛と友愛が欠けていたために身に招くことになった、孤独と隔離状態を象徴している。神はヨナを助け、ヨナはニネベに向かう。そして神の命じたとおりに町の人びとに説教すると、彼が恐れていたとおりのことが起きる。ニネベの人びとは罪を悔い、悪行をあらためる。神は彼らを許し、町を破壊するのをやめる。ヨナは憤慨し、落胆する。彼は慈悲よりも「正義」がなされることを望んでいたのだ。最後に、ヨナは、神が、照りつく太陽の光からヨナを守ってやろうと生やした木の陰でほっと一息つく。ところが神がその木を枯らしたので、ヨナは落胆し、怒って、神に食ってかかる。神はこう答える。「おまえは、自分で苦労して育てたわけでもない、一夜にして生え、一夜にして枯れたトウゴマの木のことを嘆いている。それならばどうしてこの私が、右も左もわきまえぬ一二万以上の人と無数の家畜のいる大いなる都ニネベを惜しまずにいられようか」。ヨナにたいするこの神の答えは、象徴的に解釈しなければならない。神はヨナにこう説明しているのだ——愛の本質は、何かのために「働く」こと、「何かを育てる」ことにある。愛と労働は分かちがたいものである。人は、何かのために働いたらその何かを愛し、また、愛するもののために働くのである。

配慮と気づかいには、愛のもうひとつの側面も含まれている。責任である。今日では責任というと、たいていは義務、つまり外側から押しつけられるものとみなされている。しかしほんとうの意味での責任は、完全に自発的な行為である。責任とは、他の人間が、口に出すにせよ暗黙のうちであれ、何かを求めてきたときに、応答することである。「責任がある」ということは、他人の要求に応じられる、応じる用意がある、という意味である。ヨナはニネべの住人たちに責任を感じていなかった。彼もまたカインと同じく、「私は弟の番人でしょうか★」と言うこともできただろう。愛する心をもつ人は求めに応じる。弟の命は弟だけの問題ではなく、自分の問題でもある。愛する人は、自分自身に責任を感じるのと同じように、仲間にも責任を感じる。この責任は、母子関係についていえば、生理的要求への配慮を意味する。大人どうしの愛の場合は、相手の精神的な求めに応じることである。

愛の第三の要素である尊重が欠けていると、責任は、容易に支配や所有へと堕落して

★ カインとその弟アベルは、アダムとイヴの子ども。カインは、神が弟アベルの献げ物だけに目をとめ、自分の献げ物には見向きもしてくれないので、怒って弟を殺してしまう。その後、神に「アベルはどこにいるのか」と聞かれ、「知りません。私は弟の番人でしょうか」と答える。

しまう。尊重は恐怖や畏怖《いふ》とはちがう。尊重とは、その語源（respicere＝見る）からもわかるように、人間のありのままの姿を見て、その人が唯一無二の存在であることを知る能力のことである。尊重とは、他人がその人らしく成長発展していくように気づかうことである。したがって尊重には、人を利用するという意味はまったくない。私は、愛する人が、私のためにではなく、その人自身のために、その人なりのやり方で成長していってほしいと願う。誰かを愛するとき、私はその人と一体感を味わうが、あくまでありのままのその人と一体化するのであって、その人を、私の自由になるようなものにするわけではない。いうまでもなく、自分が自立していなければ、人を尊重することはできない。つまり、松葉杖の助けを借りずに自分の足で歩け、誰か他人を支配したり利用したりせずにすむようでなければ、人を尊重することはできない。自由であってはじめて人を尊重できる。フランスの古い歌詞にあるように、「愛は自由の子」（l'amour est l'enfant de la liberté）であり、けっして支配の子ではない。

人を尊重するには、その人のことをまず知る必要がある。その人に関する知によって導かれなければ、配慮も責任もあてずっぽうに終わってしまう。いっぽう知も、気づかいが動機でなければ、むなしい。他人に関する知にはたくさんの層がある。愛の一側面としての知は、表面的なものではなく、核心にまで届くものである。自分自身にたいする関心を超越して、相手の立場にたってその人を見ることができたときにはじめて、その人を知ることができる。そうすれば、たとえば相手が怒りを外にあらわしていなくとも、その人が怒っているのがわかる。もっと深くその人を知れば、その人が不安に駆られているとか、心配しているとか、孤独だとか、罪悪感にさいなまれているということがわかる。そうすれば、その人の怒りがもっと深いところにある何かのあらわれだということがわかり、その人のことを、怒っている人としてではなく、不安に駆られ、狼狽《ろうばい》している人、つまり苦しんでいる人として見ることができるようになる。

他人を知ることと愛の問題とのあいだには、もうひとつ、より根本的な関係がある。孤独の牢獄を抜け出して他人と融合したいという基本的欲求は、もうひとつのすぐれて人間的な欲求、すなわち「人間の秘密」を知りたいという欲求と密接にかかわっている。生命は、純粋に生物学的な側面においてはひとつの奇跡であり秘密であるが、人間は、その人間的な側面において、自分にとっても他人にとっても、ひとつのはかりがたい秘密である。私たちは自分のことを知っている。だが、どんなに努力しても、ほんとうの意味で自分を知ることはできない。また、私たちは友人のことを知っているが、ほんとうには知らない。なぜなら、私も友人もただの物ではないからだ。私たち自身の、あるいは誰か他人の、存在の内奥《ないおう》へと深く踏み入れば踏み入るほど、理解というゴールは遠ざかっていく。それでも私たちは、人間の魂の秘密に、つまり「その人」そのものであるような、人間のいちばん奥にある芯に、到達したいという欲求を捨てることができない。

秘密を知るための方法がひとつある。ただし絶望的な方法である。それは、他人を力で完全に抑えこむことである。力によって、その人を私の望むように動かし、私の望むように感じたり考えたりさせるのだ。それによって、その人は一個の物になる。私の物、所有物になる。人を知るためのこの方法を極端にまで推しすすめると、サディズムになる。サディズムとは、人を苦しめたいという欲望であり、実際にそうする能力である。人を拷問《ごうもん》にかけ、苦しめて、秘密を白状させるのだ。人間の秘密、相手の、そして自分の秘密に迫りたいというこの渇望《かつぼう》こそ、人間の残虐行為の激しさの背後にある本質的な動機である。

イサーク・バーベリ〔旧ソ連の作家〕はそのあたりの事情をきわめて簡潔に表現している。ある作品のなかで、ロシア内戦のときの同僚の士官が、かつての上官を足で踏んづけて殺した後、次のように言う。「俺に言わせれば、銃で撃ったんじゃ、たんにあいつをあの世に送るだけだ。（中略）銃で撃ってしまうと、魂ってものがわからない。それが人間のなかのどこにあるのか、どんなものなのか、わからない。俺は面倒くさがらずに、一時間以上、何度も何度もあいつを踏んづけてやった。俺は、命ってものがほんとうはなんなのか、命は人間の体のなかでどんなふうになっているのか、知りたいんだ」[*6]

子どもは、しばしばこうした方法で何かを知ろうとする。何かを知りたいと思ったとき、子どもはそれをばらばらに分解する。動物をばらばらにすることもよくある。秘密を無理やり引っぱり出そうとして、蝶の羽を残酷にむしりとったりする。この残酷さは、もっと深い何か、つまり物や生命の秘密を知りたいという欲望に動機づけられているのだ。

「秘密」を知るためのもうひとつの方法が、愛である。愛とは、能動的に相手のなかへと入っていくことだ。その結合によって、相手の秘密を知りたいという欲望がみたされる。融合において、私は相手を知り、自分を知り、すべての人間を知る。ただし、ふつうの意味で「知る」わけではない。つまり考えて知るわけではなく、命あるものを知るための唯一の方法、すなわち結合の体験によって知るのだ。サディズムも、秘密を知りたいという願望が動機になっているが、何も知ることはできない。相手の手足をばらばらに引きちぎったとしても、それはただの破壊でしかない。愛こそが他の存在を知る唯一の方法である。結合という行為において、知りたいという欲求がみたされる。愛の行為において、つまり自分を与え、相手の内部へと入っていく行為において、私は自分を、いや相手と自分の両方を、そして人間を、発見する。

自分を、そして他人を知りたいという渇望は、「汝《なんじ》自身を知れ」というデルフォイの神託に表現されている。これこそがすべての心理学の根本的な動機である。しかしこの欲求は、人のすべてを知りたい、人間のいちばん奥にある秘密を知りたいという欲求であるから、ふつうの知、すなわち思考だけによる知ではけっしてみたされない。自分自身についていまよりも千倍多く知ったとしても、奥底まで到達することはなく、自分も他人も依然として謎のままだろう。完全に知るための唯一の方法は、愛の行為である。この行為は思考を、そして言葉を、超越する。愛の行為とは、結合の体験へと思い切って飛びこむことである。ただし、愛の行為によって人間を完全に知るためには、まず思考によって知る、つまり心理学的に知ることが必要だ。幻想、すなわち自分が相手に関して抱いている非合理に歪《ゆが》んだイメージを修正し、相手の現実の姿を見るためには、相手を、そして自分を、客観的に知る必要がある。客観的に知ったときにはじめて、愛の行為を通じて、その人の究極の本質を知ることができる。[*7]

人間を知ることは、神を知るという宗教的な問題とパラレルな関係にある。西洋の伝統的な神学においては、思考によって神を知ろう、神について語ろうという試みがなされてきた。つまり、思考によって神を知ることができると考えられている。だが神秘主義は、一神論の必然的な帰結であるが（これについては後に述べる）、そこでは思考によって神を知ろうとする試みは放棄され、神との合一体験がそれに取って代わり、もはやそこでは神について知る余裕も必要もない。

人間どうしの合一体験も、宗教における神との合一体験も、けっして非合理的なものではない。それどころか、アルベルト・シュヴァイツァー〔アフリカでの医療に生涯を捧げたドイツ系の医者・思想家〕が指摘したように、それは合理主義の帰結、それも、もっとも大胆で徹底した帰結である。その底にあるのは、私たちの知には、たまたまではなく本質的に、限界がある、という認識である。これは、私たちは人間や世界の秘密を「理解する」ことはけっしてないにもかかわらず、愛の行為においてはそれらを知ることができる、という認識である。科学としての心理学には限界がある。神学の論理的帰結が神秘主義であるように、心理学の究極の帰結は愛である。

配慮、責任、尊重、知はたがいに依存しあっている。この一連の態度は、成熟した人間にのみ見られるものだ。成熟した人間とは、自分の力を生産的に発達させる人、自分でそのために働いたもの以外は欲しがらない人、全知全能というナルシシズム的な夢を捨てた人、純粋に生産的な活動からのみ得られる内的な力に裏打ちされた謙虚さを身につけた人のことである。

ここまで私は、人間の孤立を克服する方法としての愛、合一願望の実現としての愛について述べてきた。しかし、合一へのそうした普遍的・実存的欲求とは別に、もっと特殊な生物学的な欲求がある。男と女という二つの極の合一の欲望である。男と女は存在の両極であるという考え方を、きわめて印象的に語っている神話がある。その神話によると、もともと男と女は一つだったが、あるとき二つに切り離された。それ以後、男は、自分の失われた半身である女とふたたび合一するため、女を探し求めるようになったという(もともと両性は一つだったというこの考え方は、イヴはアダムの肋骨《ろっこつ》からつくられたという聖書の物語にも見られる。ただし聖書では、父権主義にもとづいて、女は男の従属物とみなされている)。この神話の意味は明快だ。男と女という二つの極に分かれているために、人間は特殊な形の合一を、つまり異性との合一を求めるのだ。男性原理と女性原理という二極性は、個々の男や女の内部にも見られる。生物学的に見ると、男も女性ホルモンを、女も男性ホルモンをもつが、それと同じく、心理学的にも人間は両性的である。個々の人間の内部には、働きかけるという原理と受容するという原理、物質原理と精神原理が共存している。男も女も、自分の内なる男性性と女性性が統一されたときにはじめて、内的な調和を得る。この二極性こそがすべての創造の基礎である。

男性と女性という二極性は、人間が人間を創造することの基礎でもある。このことは、生物学的には、精子と卵子が結合して子どもができるという事実からあきらかだが、純粋に心の領域についても同じことがいえる。愛しあうとき、男も女も生まれ変わる(同性愛という逸脱《いつだつ》は、この両極の合一の達成の失敗である。だから同性愛者は、解消されない孤立の苦しみを味わう。だが同性愛者だけでなく、愛することのできない異性愛者も同じ失敗をしている)。

これと同じ男女の二極性は自然界にも見られる。動物や植物の場合はあきらかだが、それだけでなくこの二極性は、働きかけと受容という二つの基本的機能の二極性として存在している。大地と雨、川と大洋、夜と昼、闇と光、物質と精神という二極性である。イスラムの偉大な詩人にして神秘主義者のルーミーは、このことを美しくうたっている。

人が恋人を求めれば、かならず恋人から求められる。
こちらの心に愛の稲妻が射し入るとき、相手の心にはかならず愛がある。
汝の心に神への愛がみちるとき、それは疑いなく神が汝を愛しているから。
片手のみでは手を鳴らすことはできない。
神の知恵は宿命であり、人が愛しあうのは神意である。
万物がすべて対になっているのは、あらかじめ定められたこと。
賢者の目には、天は男、地は女。天が降らすものを地が育《はぐく》む。
地が冷えれば、天が暖める。地が新鮮さと潤いを失えば、天がまた与えてくれる。
天は巡る。妻のために食料を探し回る夫のように。
地は家事にいそしみ、子を産み、乳を与える。
天と地を知性ある者と見よ。知性ある者の行動をしている。

たがいに相手から喜びを得ている。そうでなければ、どうして恋人たちのようにたがいに近づくのか。

地がなければ、花は咲かない。天が恵む雨と温もりがなくても、花は咲かない。

男女の結合によって世界が続くよう、神は人間に欲望を与えた。

神は万物に、他者を求める欲望を与えた。

昼と夜は表面的には敵どうしだが、じつは協力しあって仕事をなしとげる。

万物は愛しあい、補いあって、仕事をなしとげる。

夜がなければ、昼である男は稼いだものを費やす先がない。*8


男女という二極性の問題から、愛と性という主題について、さらに議論をすすめることができる。私は以前、フロイト〔精神分析学の創始者〕の誤りを指摘した。その誤りとは、フロイトが愛をもっぱら性衝動の表出あるいは昇華《しょうか》〔表出を妨害された本能的エネルギーが社会的文化的に認められる別の目的に向けられること〕とみなし、性的欲望が愛と合一への欲求のあらわれであることを認めようとしないことだ。フロイトの誤りはそれにとどまらない。彼は生物学的唯物論《ゆいぶつろん》の見地から、性衝動を、体内に化学的につくり出される緊張の結果とみなす。その緊張は苦しいので、解消されることを求める。性的欲望の目的はこの苦しい緊張を取りのぞくことであり、それが取りのぞかれたときに性的満足が得られる、というのがフロイトの考え方だ。

性的欲望は、生物が空腹時に飢えや渇《かわ》きをおぼえるのと同じ仕組みで起こる、という点に限っていえば、フロイトの理論もまんざらまちがいとはいえない。だがこの考えにしたがえば、性的欲望とは痒《かゆ》みのようなもので、性的満足とはその痒みがなくなることだということになる。性をそういうふうに捉えたら、性的満足を得る理想的な方法はマスターベーションだということになろう。まったく皮肉にもフロイトが見落としているのは、性の精神生物学的な側面、すなわち男女の二極性と、合一によってその両極に橋をかけたいという欲望である。

このような奇妙な誤りをおかしたのは、おそらくフロイトが根っからの父権主義者だったからだろう。そのために彼は性を本質的に男性的なものと考え、性の女性的な側面を見落としてしまった。フロイトは『性に関する三つの論文』のなかでそうした考えを表明し、男のリビドー〔本能的な性的エネルギー〕も女のリビドーもともに「男性的性質」をもっている、と述べている。

フロイト理論によれば、小さな男の子は女性を、去勢された男とみなし、女性自身も男性性器をもたないことにたいしてさまざまな補償を求める。この理論にも、右と同じような考えがより合理的な形で表現されている。だが、女は去勢された男ではない。女性の性はまさに女性的であり、「男性的性質」などもっていない。

緊張を除去したいという欲求は、男女が性的に惹かれあう原因のごく一部にすぎない。異性に惹かれる動機は、主として、性のもう一方の極と合一したいという欲求である。事実、男と女が惹かれあうというのは、性的に惹かれあうということだけではない。性機能だけでなく、性格にも男性的・女性的というちがいがある。男性的性格の特徴は、働きかけ、指導、活動、規律、冒険といった性質をもっていることであり、女性的性格の特徴は、生産的受容、保護、現実性、忍耐、母性といった性質をもっていることである（ただし忘れてならないのは、男女とも両性の特徴が混じりあっており、男は男性的性格が、女は女性的性格が優勢であるにすぎないということだ）。よくあることだが、情緒的に子どものままであるために男性的性格の特徴が弱い男は、もっぱら性的な方面で自分の男性的役割を強調することで、この欠如を埋めあわせようとする。その結果、彼はいわゆるドンファンとなる。ドンファンが、男性としての能力を性によって証明せずにいられないのは、その性格面において自分の男性性に自信がないからである。男性性の未発達がもっと極端になると、サディズム（暴力の行使）が男性性のおもな――倒錯した――代理物となる。女性性が弱かったり倒錯していたりすると、マゾヒズムとか所有欲となってあらわれる。

フロイトは性を過大評価していると批判されてきた。たいてい、そうした批判の底にあったのは、因習的な人びとの批判や敵意を買うような要素をフロイトの学説から取り除きたいという願望であった。フロイトは、そうした願望を敏感に察知していたからこそ、自分の性理論に変更を加えようとするあらゆる試みと戦った。実際、フロイトの理論は当時としては挑戦的で革命的だった。しかし、一九〇〇年前後に真実だったことも、五〇年後にはもはや真実ではない。性道徳はがらりと変わり、西洋の中産階級にとって、フロイトの性理論はもはや衝撃的ではない。正統派の精神分析家たちはいまでも、フロイトの性理論を擁護することが勇敢でラディカルなことだと思いこんでいるが、時代錯誤もはなはだしい。実のところ、正統派の精神分析学は順応主義になりさがり、現代社会の批判につながるような心理的な問題を提起しようとはしない。

私がフロイト理論を批判するのは、彼が性を過大評価したからではなく、性をじゅうぶんに理解しなかったからである。フロイトは誰よりも先に、人間関係における感情の重要性を発見した。だが彼は、哲学的前提にもとづいて、それを生理学的に説明した。精神分析学をさらに発展させるためには、フロイトの洞察を、生理学の次元から生物学的・実存的次元へと移しかえ、フロイトの提示した概念を、修正しつつ深めていかなければならない。*9

2　親子の愛

恵み深い運命のおかげで、赤ん坊は、生まれてくる瞬間、母親からの分離や胎内での生活からの脱出がもたらす不安に気づかずにすんでいる。もしこの不安を知ったら、赤ん坊は死ぬほどの恐怖を味わうにちがいない。

生まれてからもしばらくのあいだは、赤ん坊は生まれる前の状態とほとんど変わらない。物を見分けることはできないし、まだ自分という意識もないし、世界が自分の外側にあることもわかっていない。温もりと食べ物という好ましい刺激だけを感じていて、まだその温もりや食べ物をその源である母親と区別できない。母親こそが温もりであり、食べ物であり、満足と安全を与えてくれる快い状態なのだ。この状態は、フロイトの用語を使えば、ナルシシズムの状態である。人間や物質といった外界の現実は、自分の身体内部の状態を満足させるかさせないか、という点でしか意味をもたない。赤ん坊にとっては自分の内部にあるものだけが現実であり、外にあるものは、それ自体の性質とか必要性にかかわりなく、自分の欲求とのかかわりにおいてしか存在しない。

　やがて成長にともなって、子どもは事物をあるがままに知覚できるようになる。満腹感と乳首とを、また乳房と母親とを、区別できるようになり、やがてはのどの渇き、母乳、乳房、母親を、それぞれ別のものとして認識できるようになる。さらに他の多くの物についても、それぞれちがった物として、つまりそれぞれ独自に存在している物として知覚できるようになる。ここまでくると、子どもは事物を名前で呼べるようになると同時に、それらをどう扱えばいいかを知る。火は熱く、さわると痛い。母親の体は温かくて心地よい。木は固くて重い。紙は軽くて破れる。人間をどう扱えばいいかも学ぶ。食べれば、母親はほほえむ。泣けば、抱いてくれる。ウンチをすれば、ほめてくれる。

　これらすべての経験が統合されて、私は愛されているという経験へと結晶する。私が愛されるのは、母親の子どもだからだ。私が無力だからだ。私が可愛いよい子だからだ。母親が私を必要としているからだ。これをもっと一般的な言い方でいえば、私はいまのような私だから愛されるということになろう。もっと正確には、私が私だから愛されるということになろうか。

母親に愛されるというこの経験は受動的だ。愛されるためにしなければならないことは何もない。母の愛は無条件だ。しなければならないことといったら、生きていること、そして母親の子どもであることだけだ。母の愛は至福であり、平安であり、わざわざ苦労して獲得する必要もなく、それを受けるための資格があるわけでもない。

しかし、母の愛が無条件であることには否定的な側面もある。愛されるのに資格がいらないということは、反面、それを手に入れよう、つくり出そう、コントロールしようと思ってもできるものではない。母の愛があるのは神の恵みのようなものであって、もし母の愛がなく、人生が真っ暗になってしまったとしても、どんなことをしても自分ではつくり出せない。

八歳半から一〇歳くらいの年齢に達するまで[*10]、子どもにとって大事なのはもっぱら愛されること、つまりありのままの自分を愛されることだけだ。この年齢までの子どもは、愛されれば喜んで反応するが、まだ自分からは愛さない。だが、子どもの発達のこの段階において、新しい要素、すなわち自分の活動によって愛を生み出すという新しい感覚が生まれる。生まれてはじめて、子どもは母親（あるいは父親）に何かを贈ること、つまり詩を書いたり、絵を描いたりすることを思いつく。生まれてはじめて、愛という観念が、愛されることから愛することへ、愛を生み出すことへと変わる。もっとも、こうして芽生えた愛が成熟するにはまだ長い年月がかかる。

思春期にさしかかると、子どもは自己中心主義を克服する。つまり、もはや他人は自分の欲求を満足させるための手段ではなくなる。他人の欲求も自分の欲求と同じくらい重要になる。いやむしろ自分の欲求よりも大事になる。もらうよりも与えるほうが、愛されるよりも愛するほうが、より満足のいく、より喜ばしいことになる。愛することで、子どもは、ナルシシズムと自己中心主義によって築かれた孤独と隔離の独房から抜け出す。生まれてはじめて、他者との結びつき、分けあうこと、一体感といったものを知る。それだけではない。愛されることによって何かをもらうというのは、何かに依存することである。愛されるためには、自分は小さく、無力で、病気でなければならない。あるいは「よい子」でなければならない。いまや子どもはそうした状態を乗り越え、愛することを通じて、愛を生み出す能力を自分のなかに感じる。

幼稚な愛は「愛されているから愛する」という原則にしたがう。成熟した愛は「愛するから愛される」という原則にしたがう。未成熟な愛は「あなたが必要だから、あなたを愛する」と言い、成熟した愛は「あなたを愛しているから、あなたが必要だ」と言う。

愛の能力の発達と密接に関連しているのが、愛の対象の発達である。生まれてから数カ月間あるいは数年間、子どもがいちばん愛着を抱く対象は母親である。この愛着が生まれたのは、出生より前の、母親と子どもがまだ一体でありながら同時にふたりであったときである。出生はそうした状態を多少は変えるが、その変化は見かけほどではない。子どもは、母体の外で生活するようになっても、まだ完全に母親に依存している。しかし、日を追うごとに子どもは独立していく。歩くことや言葉を話すことをおぼえ、自力で世界を探検することを学ぶ。それにともなって、母親との関係はその決定的重要性を失い、それにかわって父親との関係がしだいに重要になってくる。

この母親から父親への移行を理解するには、母の愛と父の愛との本質的な性質のちがいについて考えてみなければならない。母の愛についてはすでに述べた。母の愛はその本質からして無条件である。母親が赤ん坊を愛するのは、それが彼女の子どもだからであって、その子が何か特定の条件をみたしているとか、何か特定の期待に応えているからではない（もちろん、私が母の愛とか父の愛というとき、それはマックス・ヴェーバー的な意味での「理想型」★、あるいはユング的な意味での元型★★について言っているのであって、すべての母親あるいは父親がこういうふうに愛するという意味ではない。私は、母親あるいは父親の姿をとってあらわれる母性原理、父性原理について述べているのである）。無条件の愛は、子どもだけでなくすべての人間が心の奥底から憧れているもののひとつである。

それにたいして、長所があるから愛されるとか、愛される価値があるから愛されるという場合は、つねに疑念が残る。ひょっとしたら自分は、愛してもらいたい相手の気に入らなかったのではないか、といった疑念を拭《ぬぐ》い去れず、愛が消えてしまうのではないかという恐怖がたえずつきまとう。しかも、愛されるに値するから愛されるといった類《たぐい》の愛は、「ありのままの私が愛されているわけではないのだ」「私はただ相手の気に入ったというだけの理由で愛されているのだ」「要するに私は愛されているのではなく、利用されているのだ」といった苦い思いを生む。だから、子どもも大人も母性愛への憧れ

★　理想型　ヴェーバーによれば、社会科学も自然科学のように因果論的でなければならないが、社会科学が対象とする文化現象はあまりに複雑かつ流動的であるから、そのなかから本質的に知るに値する部分を抽出して、それをひとつの統一的な思想像に構成する必要がある。それが理想型である。

★★　元型　ユングは、統合失調症の人の妄想や幻覚、正常者の夢、神話、昔話などにはよく似たイメージが認められることに気づき、人間の無意識中にはそうしたイメージを産出するものがあるのだと考えた。それが元型である。ユングが元型として重視したものには、影《シャドー》、アニマ、アニムス、太母《グレートマザー》などがある。

を捨てきれないのは不思議ではない。ほとんどの子どもは幸運にも（程度の差はあれ）母性愛を得られるが、大人の場合は母性愛への憧れを満足させるのははるかにむずかしい。人格がじゅうぶんに発達していれば、母性愛は正常な恋愛の一要素として存続するが、母性愛が宗教的な形をとったり、神経症的な形をとることもある。

父親との関係は、それとはまったく異なる。母親は私たちが生まれた家である。自然であり、大地であり、大洋だ。父親はそうした自然の故郷ではない。子どもが生まれてから数年間は、父親は子どもとほとんど関係をもたない。生まれてまもない子どもにとって、父親の重要性は、母親のそれとは比べものにならないほど小さい。父親は自然界を表しているのではなく、人間の生のもう一方の極、すなわち思考、人工物、法と秩序、規律、旅と冒険などの世界を表している。子どもを教育し、世界へつながる道を教えるのが父親である。

父親には、この役割と並んでもうひとつ役割がある。その役割は社会や経済の発達と深い関係がある。私有財産が生まれ、その財産を息子のひとりに相続させることができるようになったとき、父親は自分の財産を託せるような息子を欲するようになった。当然ながらその息子は、後継者としてもっともふさわしいと父親が考えるような息子、父親にいちばん似ている息子、したがって父親のいちばん気に入っている息子である。父親の愛は条件つきである。「私がおまえを愛するのは、おまえが私の期待に応え、自分の義務を果たし、私に似ているからだ」というのが、父親の愛の原則である。

父親の条件つきの愛にも、母親の無条件の愛と同じく、否定的な側面と肯定的な側面とがある。否定的な側面は、父の愛を受けるには資格がいる、つまり期待に応えなかったときにはその愛を失うということである。父の愛の性質からすると、服従こそが最大の美徳である。不服従は最大の罪であり、その罰は父の愛の喪失である。肯定的な側面も同じくらい重要である。父の愛は条件つきだから、それを得るために努力することが可能である。父の愛は母の愛とちがって、自分でコントロールできるのだ。

子どもにたいする母親の態度と父親の態度とのちがいは、子ども自身の必要性に対応している。幼児は、生理的にも精神的にも、母親の無条件の愛と気づかいを必要とするが、六歳をすぎると、父親の愛、権威、導きを必要とするようになる。母親には子どもの安全を守るという役目があり、父親には、社会が押しつけてくるさまざまな問題に対処できるよう、子どもを教え導くという役目がある。

理想的なケースでは、母の愛は、子どもの成長を妨げたり、子どもの無力さを助長したりはしない。母親は子どもの生命力を信じなければならない。心配しすぎて、その心配が子どもに伝染するようなことがあってはならない。子どもが独立し、やがて自分から離れていくことを願わなくてはならない。

父の愛はさまざまな原理と期待によって導かれるべきであり、脅したり権威を押しつけたりするのではなく、忍耐づよく、寛大でなければならない。成長する子どもに、少しずつ自分の能力を自覚させ、やがては子どもがその子自身の権威となり、父親の権威を必要としなくなるように仕向けなければならない。

やがて子どもは成熟し、自分自身が自分の母であり父であるような状態に達する。成熟した人間は、いわば母親的良心と父親的良心を併せもっている。母親的良心は言う、「おまえがどんな過ちや罪をおかしても、私の愛はなくならないし、おまえの人生と幸福にたいする私の願いもなくならない」。父親的良心は言う、「おまえはまちがったことをした。その責任を取らなくてはならない。何よりも、私に好かれたかったら、生き方を変えなくてはならない」。成熟した人間は、自分の外にいる父や母から自由になっており、自分の内部に母親像・父親像をつくりあげている。

しかし、フロイトのいう超自我〔子どもの本能的欲求にたいする叱責や禁止が内面化されたもの〕

とはちがって、子どもは母や父を自分のなかに取りこむのではなく、自分自身の愛する能力によって母親的良心を築き、理性と判断によって父親的良心を築きあげる。母親的良心と父親的良心はたがいに矛盾しているように見えるが、成熟した人間はその両方によって人を愛する。父親的良心だけを保持しようとしたら、残酷で非人間的な人になってしまうだろうし、母親的良心だけを保持しようとしたら、判断力を失い、自分の発達も他人の発達も妨げることになるだろう。

母親への愛着から父親への愛着へと移行し、最後には双方が統合されるというこの発達こそが、精神の健康の基礎であり、成熟の達成である。神経症の基本原因は、この発達がうまくいかないことである。そのあたりの事情を詳しく述べることは、本書の趣旨からはずれるが、もう少し明確にするため、いくつかの点について簡単に指摘しておきたい。

神経症になる原因のひとつは、その人の母親が、愛情はあるが、甘すぎたり、支配的だったりして、父親が弱く、子どもに無関心なことである。この場合、その人は幼児期の母親への愛着にいつまでも固執《こしつ》し、大人になっても母親に依存したままで、無力感をもちつづけ、いつでも何かをもらいたい、保護されたい、世話してもらいたいといった、受動的な人間に特徴的な願望を抱き、いっぽう父親的な特質、すなわち規律、独立心、自分で自分の人生をコントロールする能力などが欠如している。こういう人は、あらゆる人のなかに「母親」を探す。女性のなかに探すこともあれば、目上の男性のなかに探すこともある。

反対に、母親が冷たく、何かを求めても応えてくれなかったり、支配的だったりすると、その人は、ある場合には、母親に保護されたいという欲求を、父親やその後に出会う父親的な人たちに転移〔以前ある人に向けていた感情を別の人に向けること〕する（この場合も、右の場合と同じような結果が生じる）。またある場合には、きわめて一面的な父親志向的人間になり、法・秩序・権威には全面的に屈服するが、無条件の愛を期待したり受け入れたりする能力の欠けた人間になる。もし父親が権威主義的で、しかも息子に強く執着している場合には、その傾向がますますひどくなる。

これらすべての神経症的発達に共通している特徴は、父性原理と母性原理のいずれかが正常に発達しない――この場合のほうが神経症の度合いがより深刻である――か、母親と父親の役割が――現実の父母の役割分担も、内面的な母親的役割・父親的役割も――混乱しているということである。

もっと詳しく調べてみれば、強迫神経症〔自分の意志に反して不合理な思考や行為を反復してしまうような神経症〕のようなタイプの神経症の根底には父親への一方的な愛着があり、他の神経症、たとえばヒステリーとか、アルコール依存症とか、自分を主張したり現実と折りあいをつける能力の欠如とか、抑鬱《よくうつ》とかは、母親への一方的な愛着から生じるということがあきらかになるだろう。

3　愛の対象

愛とは、特定の人間にたいする関係ではない。愛のひとつの「対象」にたいしてではなく、世界全体にたいして人がどうかかわるかを決定する態度であり、性格の方向性のことである。もしひとりの他人だけしか愛さず、他の人びとには無関心だとしたら、それは愛ではなく、共棲的愛着、あるいは自己中心主義が拡大されたものにすぎない。

ところがほとんどの人は、愛を成り立たせるのは対象であって能力ではないと思いこんでいる。それどころか「愛する」人以外は誰のことも愛さないことが愛の強さの証拠だとさえ、誰もが信じている。これは先に述べたのと同じ誤りである。つまり、愛が活動であり、魂の力であることを理解していないために、正しい対象を見つけさえすれば後はひとりでにうまくいくと信じているのだ。

この態度はちょうど、絵を描きたいと思っているくせに、絵を描く技術を習おうともせず、「正しい対象が見つかるまで待っていればいいのだ、ひとたび見つかりさえすればみごとに描いてやる」と言い張るようなものだ。ひとりの人をほんとうに愛するとは、すべての人を愛することであり、世界を愛し、生命を愛することである。自信をもって「あなたを愛している」と言えるなら、「あなたを通して、すべての人を、世界を、私自身を愛している」と言えるはずだ。

ただし、愛がひとりだけではなくすべての人にたいする態度であるといっても、愛する対象によって愛にもさまざまな種類があることもまた事実である。

a　友愛

あらゆるタイプの愛の根底にあるもっとも基本的な愛は、友愛である。私のいう友愛とは、あらゆる他人にたいする責任、配慮、尊重、知のことであり、その人の人生をよりよいものにしたいという願望のことである。「汝のごとく汝の隣人を愛せ」という聖書の句が言っているのは、この種の愛のことである。友愛とは人類全体にたいする愛であり、その特徴は排他的なところがまったくないことである。もし愛する能力がじゅうぶん発達していたら、仲間たちを愛さずにはいられない。人は友愛において、すべての人間との合一感、人類としての連帯意識、人類全体がひとつになったような一体感を味わう。友愛の底にあるのは、私たちはひとつだという意識である。すべての人間がもつ人間的な核は同一であり、それに比べたら、才能や知性や知識のちがいなどは取るに足らない。この同一性を体験するには、表面から核まで踏みこむことが必要である。もし私が他人の表面しか見なければ、ちがいばかりが目につき、そのために相手と疎遠になってしまう。もし核まで踏みこめば、私たちが同一であり、友であることがわかる。表面と表面の関係ではなく、この中心と中心との関係が「中心的関係」である。

このことについて、シモーヌ・ヴェイユ〔二〇世紀前半フランスの思想家〕は次のようにみごとに表現している。「同じ言葉（たとえば夫が妻に言う「愛してるよ」）でも、言い方によって、陳腐《ちんぷ》なセリフにも、特別な意味をもった言葉にもなりうる。その言い方は、何気なく発した言葉が人間存在のどれくらい深い領域から出てきたかによって決まる。そして驚くべき合致によって、その言葉はそれを聞く者の同じ領域に届く。それで、聞き手に多少の洞察力があれば、その言葉がどれほどの重みをもっているかを見極めることができる*11」

友愛は対等な者どうしの愛であるが、実際には対等な者どうしがつねに「対等」というわけではない。人間である以上、誰しも助けを必要とする。今日は私が、明日はあなたが。ただし、助けが必要だからといって、その人がつねに無力で、つねに相手のほうに力があるというわけではない。無力さは一時的な状態にすぎず、自分の足で立って歩く能力は、人類に共通の恒常的な能力である。

とはいえ、無力な者や貧しい者やよそ者にたいする愛こそが、友愛のはじまりである。身内を愛するのは別に偉いことではない。動物だって子どもを愛し、世話をする。無力な者が力ある者を愛するのは、彼の生活がその力ある者に依存しているからであり、子どもが親を愛するのは親を必要としているからだ。自分の役に立たない者を愛するときにこそ、愛は開花しはじめる。意義深いことに、旧約聖書において、人間がおもに愛するのは貧者、よそ者、寡婦《かふ》、孤児、そして国の敵であるエジプト人やエドム人である。無力な者にたいして同情の念を抱いたとき、人は同胞たちにたいする愛を育みはじめる。また、自分を愛することは、助けを必要としている不安定で脆弱《ぜいじゃく》な人間を愛することでもある。同情には理解と同一化の要素が含まれている。旧約聖書いわく、「汝らはエジプトの地でよそ者であったがゆえに、よそ者の心を知る。(中略)それゆえ、よそ者を愛せ」。[*12]

b　母性愛

母性愛がどのようなものであるかについてはすでに前節で述べた。またその際に、母性愛と父性愛のちがいについても論じた。そこで述べたように、母性愛は子どもの生命と要求にたいする無条件の肯定である。

だが、ここで重要なことを一つ付け加えなくてはならない。子どもの生命の肯定には二つの側面がある。一つは子どもの生命と成長を保護するために絶対に必要な、気づかいと責任である。もう一つの側面は、たんなる保護の枠内にとどまらない。それは、生きることへの愛を子どもに植えつけ、「生きていることはすばらしい」「子どもであることはすばらしい」「この地上に生を受けたことはすばらしい」という感覚を子どもに与えるような態度である。

母性愛のこの二つの側面は、聖書の天地創造の物語に、ごく簡潔に表現されている。神は天地を創造し、人間を創造した。これは世話や生きることの肯定に相当する。だが神はこの最低限の必要をみたすだけではとどまらない。毎日、自然、そして人間を創造した後に、神は「これでよし」と言う。母性愛はこの第二段階で、子どもに「生まれてきてよかった」と感じさせる。たんに長く生きたいという望みだけでなく、人生への愛を教える。

これと同じ考えは、聖書のまた別の象徴にも表現されているといえよう。約束の地（大地はつねに母の象徴である）は「乳と蜜の流れる地」として描かれる。乳は愛の第一の側面、すなわち世話と肯定の象徴であり、蜜は人生の甘美さや、人生への愛や、生きていることの幸福を象徴している。たいていの母親は「乳」を与えることはできるが、「蜜」を与えられる母親はごく少数である。蜜を与えられる母親になるためには、たんなる「よい母」であるだけではだめで、幸福な人間でなければならないが、そういう母親はめったにいない。

このことが子どもに与える影響はいくら強調しても足りない。人生にたいする母親の愛も、不安も、子どもに伝わりやすい。どちらも子どもの全人格に大きな影響をおよぼす。実際、子どもたちのなかに――いや大人たちのなかにさえ――「乳」だけを与えられた者と、「乳と蜜」を与えられた者とを見分けることができるくらいだ。

友愛や恋愛は対等な者どうしの愛だが、母と子の関係はその本質からして、一方がひたすら助けを求め、一方がひたすら与えるという不平等な関係である。この利他的で自己犠牲的な性格のために、母性愛は、もっとも高尚な愛、あらゆる情動的絆のなかでもっとも神聖なものとみなされてきた。しかし、母性愛の真価が問われるのは、幼児にたいする愛においてではなく、成長をとげた子どもにたいする愛においてである。実際、大多数の母親は、子どもがまだ幼く、全面的に母親に依存している段階では、愛情深い。ほとんどの女性は子どもを欲しがり、子どもが生まれると大喜びし、熱心に世話をする。笑顔や満ち足りた表情以外、子どもからはなんの「見返り」も得られないというのに。

このような愛の姿勢は、部分的には、人間だけでなく動物にもそなわっている本能的なものに由来するようだ。しかし、本能的な要因がどれほどの比重を占めているにせよ、この種の母性愛には人間特有の心理的要因が働いている。そのひとつは母性愛のなかにひそむナルシシズムの要素である。母親が子どもを自分の一部と感じているかぎり、子どもを溺愛《できあい》することは自分のナルシシズムを満足させることにもなる。また別の動機として、母親の権力欲や所有欲を挙げることができよう。子どもは無力で、全面的に母親の意志にしたがうから、所有欲の強い支配的な母親にとっては、自分の支配欲を満足させる恰好《かっこう》の獲物なのだ。

右のような動機はよく見かけるが、おそらくもっと重要で普遍的なのは、超越への欲求とでも呼びうるような動機である。この超越への欲求は、人間のもっとも基本的な欲求のひとつで、その根底にあるのは、人間が自己を意識しているという事実、すなわち人間は被造物の役割に飽き足らず、自分が壺から振り出されたサイコロのような存在であることを認めようとしないという事実である。人間はこう思いたいのだ――自分は創造者だ、神に創造されたという受動的な役割を超越する者だ、と。

この創造の欲求を満足させる方法はいろいろあるが、もっとも自然でしかも簡単なのは、母親が自分の創造した子どもを愛し、世話することである。母親は子どもをもつことで自身を超越し、幼児への愛は母親の人生に意味と目的を与える（男が人工物や思想を生み出すことで自分を超越したいという衝動をもつのは、子どもを産むことで超越への欲求をみたすことができないからだ）。

しかし、子どもはかならず成長する。母親の胎内から抜け出し、母親の乳房に別れを告げ、ついには完全に独立した人間になる。母性愛の本質は子どもの成長を気づかうことであり、これはつまり子どもが自分から離れていくのを望むということだ。ここに恋愛との根本的なちがいがある。恋愛では、離ればなれだったふたりがひとつになる。母性愛では、一体だったふたりが離ればなれになる。母親は子どもの巣立ちを耐え忍ぶだけではなく、それを望み、後押ししなければならない。

この段階にいたってはじめて、母性愛はたいへんな難行となる。つまり、徹底した利他主義、すなわちすべてを与え、愛する者の幸福以外何も望まない能力が求められる。多くの母親が母性愛というつとめに失敗するのもこの段階である。ナルシシズム傾向の強い母親、支配的な母親、所有欲の強い母親が「愛情深い」母親でいられるのは、子どもが小さいうちだけである。ほんとうに愛情深い女性、すなわち受けとるよりも与えることにより大きな幸せを感じ、自分の存在にしっかり根を下ろしている女性だけが、子どもが離れていく段階になっても愛情深い母親でいられるのだ。

成長しつつある子どもにたいする母性愛のような、自分のためには何も望まない愛は、おそらく実現するのがもっともむずかしい愛の形である。ところが、母親が幼児を愛するのは簡単このうえないために、このむずかしさはなかなか理解されない。だが、むずかしいからこそ、ほんとうに愛情深い母親になれるのは、愛することのできる女性、つまり夫、他人の子ども、見知らぬ他人、そして人類全体を愛せる女性だけなのである。そういうふうに人を愛せない女性は、子どもが小さいあいだだけは優しい母親になれるが、ほんとうに愛情深い母親にはなれない。愛情深い母親になれるかなれないかは、すすんで別離に耐えるかどうか、そして別離の後も変わらず愛しつづけられるかどうかによるのである。

c　恋愛

友愛は対等の者どうしの愛であり、母性愛は無力な者への愛である。この二つはたがいに異なってはいるが、その性質からして対象がひとりに限定されないという点で共通している。自分の友を愛するとは、友だち全員を愛することであり、自分の子どもを愛するとは、自分の子ども全員を愛することである。いやそれだけではない、子どもを愛するとは、世界中の子どもを愛し、私の助けを必要としている者すべてを愛することである。恋愛は、この二つの愛のどちらともちがう。恋愛とは、他の人間と完全に融合したい、ひとつになりたいという強い願望である。恋愛はその性質からして排他的であり、すべての人に向けられるものではない。そしてまた、おそらくもっとも誤解されやすい愛の形である。

第一に、恋愛はしばしば、恋に「落ちる」という劇的な体験、すなわちさっきまで他人どうしだったふたりのあいだの壁が突然崩れ落ちるという体験と、混同される。しかし、先に指摘したように、突然親密になるというこの体験は、その性質上長続きしない。他人だった人が身近な親しい人になってしまうと、もはや克服すべき障害もなく、ふたたび突然親密になるということもない。「愛する」人は、自分と同じくらいよく知っている人になる。いや、自分と同じくらいほとんど知らないといったほうがいいかもしれない。より深く相手を知ることができれば、つまり相手の人格が無限であるのを知ることができれば、他人がそんなに身近になるはずがない。相手の人格が無限であることを知れば、壁を乗り越えるという奇跡が毎日新たに起きるかもしれないが、たいていの人の場合、自分自身も、他人も、すぐに探検しつくし、知りつくしてしまう。そういう人の場合、親密さはおもに肉体関係から得られる。その人にとっては、人間がたがいに孤立していることは、肉体的に離れているという意味にすぎないので、肉体的に結合することで孤立を克服しようとする。

その他にも、人は孤立を克服しようとして、さまざまなことを試みる。個人的なことを告白するとか、希望や不安を打ち明けるとか、自分の子どもっぽい幼稚な面をさらけだすとか、世間のことにたいして共通の関心をもとうとするとか。多くの人は、そうしたことで孤立は克服できると考えている。怒りや憎しみを表に出したり、いっさい自分を抑制しないことすら、親密さの証拠と考えられている。結婚した男女がしばしばおたがいに対して感じる倒錯した魅力も、これで説明がつく。そういう夫婦は、ベッドをともにしているときとか、憎しみや怒りをぶつけあっているときにだけ親しいように見える。

だがこの種の親密さは、時が経つにつれて失われていく。その結果、まだよく知らない新しい人との愛を求める。そして恋に落ちるという激しい高揚感をふたたび味わうが、その高揚感もしだいに衰えていき、この新しい人も「親密な人」になってしまい、ふたたび、新たな征服、新たな恋を求めることになる。毎回、今度の恋は前のとはちがうのだという幻想を抱いて。そうした幻想を支えているのは、性的欲望の誤解されやすい性質である。

性欲は融合をめざすが、たんなる生理的欲求、つまり苦しい緊張を解くための欲求ではない。しかし性欲は、愛によって掻《か》き立《た》てられることもあるが、孤独の不安や、征服したいとか征服されたいという願望や、虚栄心や、傷つけたいという願望や、ときには相手を破滅させたいという願望によっても掻き立てられる。性欲はどんな激しい感情とも容易に結びつき、どんな激しい感情によっても掻き立てられるようだ。性欲にとっては、愛はそうした激しい感情のひとつにすぎない。多くの人は性欲を愛と結びつけて考えているので、ふたりの人間が肉体的に求めあうときは愛しあっているのだと誤解している。

もちろん愛が性欲を掻き立てることもある。ただしその場合の肉体関係には、貪欲さも、征服したいとか征服されたいという願望も欠けており、その代わりに優しさがある。肉体的合一への欲求が愛にもとづくものではなく、恋愛が同時に友愛でないときは、その合一はつかのましか持続しない。性的に惹かれあうふたりは、ほんの短期間、合一の幻想を抱くが、もしそこに愛がなければ、その「合一」によってもふたりは依然として離ればなれのままだ。ときには、こうした形で結びついたふたりはたがいを恥ずかしく思い、憎みあうことすらある。なぜなら、幻想から覚めたとき、ふたりは自分たちがたがいに他人であることをいままで以上に痛感するからだ。

フロイトは、愛とは性的本能が昇華されたものだと言ったが、けっしてそうではない。愛は友愛からじかに生まれるものであり、肉体的な愛にも精神的な愛にも含まれているものだ。

恋愛には、友愛や母性愛には見られない排他性がある。この点についてもう少し詳しく見てみる必要がある。恋愛に見られる排他性は、しばしば所有欲にもとづく執着だと誤解されている。「愛しあっている」ふたりが他の人には目もくれないということはよくある。じつは彼らの愛は利己主義が二倍になったものにすぎない。ふたりはたがいに相手に自分を同一化し、ひとりをふたりに増やすことで孤立の問題を解決しようとする。それによって彼らは孤独を克服したと感じるが、彼らふたり以外のすべての人から孤立しているので、依然としてたがいに孤立しており、自分自身からも疎外されている。ふたりが味わう一体感は錯覚にすぎない。

たしかに恋愛は排他的である。しかし恋愛において、人は相手を通して人類全体、さらにはこの世に生きている者すべてを愛する。恋愛は、ひとりの人間としか完全に融合することはできないという意味においてのみ、排他的なのである。恋愛は、性的融合、すなわち人生のすべての面において全面的にかかわりあうという意味では、他の人に向けられた愛を排除するが、深い友愛を排除することはない。

恋愛には、もしそれが愛と呼べるものなら、前提がひとつある。すなわち、自分という存在の本質から愛し、相手の本質とかかわりあうということである。本質においては、すべての人間は同一である。私たちは絶対者という「一者《いっしゃ》」の一部であり、「一者」そのものである。だとしたら、誰を愛するかなどは問題ではないはずだ。

愛は本質的には、意志にもとづいた行為であるべきだ。すなわち、自分の全人生を相手の人生に賭けようという決断の行為であるべきだ。じつは、ひとたび結婚したら絶対に別れてはならないという考え方の背後にあるのは、この理論である。昔は、結婚するふたりがたがいに相手を選ぶのではなく、自分たちの意志にかかわりなく選ばれたのだったが、それでも愛しあうことを求められた。そうした伝統的な結婚の背後にあるのも、愛は意志の行為だということの理論である。

現代の西洋社会では、そうした考え方はとんでもないまちがいだとされている。つまり、愛は意志とは無関係に自然に生まれるものであり、自分ではコントロールできない感情に突然捕らわれるのが愛なのだと考えられている。そうした考え方をする人は、愛しあっているふたりの表面的なところしか見ていない。すべての男は「アダム」であり、すべての女は「イヴ」であるという事実を見ていない。恋愛にとって重要な、意志という要素を見落としている。誰かを愛するというのは、たんなる激しい感情ではない。それは決意であり、決断であり、約束である。もし愛がたんなる感情にすぎないとしたら、「あなたを永遠に愛します」という約束にはなんの根拠もないことになる。感情は突然生まれ、また消えていく。もし自分の行為が決意と決断にもとづいていなかったら、私の愛は永遠だ、などとどうして言い切れるだろうか。

以上のようなことを考慮に入れたうえで、次のような見解に達する人もいるかもしれない――愛はひとえに意志と決断の行為であり、したがって当事者ふたりが誰であるかは基本的に問題ではない。したがって、結婚が、他人によって決められたものであろうと、自分たちの選択の結果であろうと、ひとたび結婚してしまったら、意志にもとづいた行為が愛の持続を保証すべきである、と。この見解が見落としているのは、人間の本性も恋愛もパラドックスにみちているという事実である。すなわち、私たちはみな「一者」だが、それにもかかわらず、一人ひとりはかけがえのない唯一無二の存在である。他人との関係にも、それと同じパラドックスが見られる。私たちはひとつなのだから、友愛においては、私たちはすべての人を同じように愛する。だがそれと同時に私たちは一人ひとり異なっているから、恋愛においては、一部の人には見られるが、かならずしも全員には見られないような、特殊な、きわめて個人的な要素が重要になってくる。

したがって、恋愛はひとえに個人と個人が惹きつけあうことであり、特定の人間どうしの個別的なものであるという見解も正しいし、恋愛は意志の行為にほかならないという見解も正しい。いや、もっと正確に言うと、どちらも正しくない。それゆえ、恋愛はうまくいかなければ解消すればいいという考え方も、どんなことがあっても解消してはならないという考え方も、ともにまちがっている。

d　自己愛[*13]

さまざまな対象にたいする愛がありうるという考え方には、反論の声はあがらない。ところがそのいっぽうで、他人を愛するのは美徳だが自分を愛するのは罪だという考え方も広く浸透している。つまり、人は他人を自分ほどには愛さないものだとか、自己愛は利己主義と同じだと考えられている。こうした考え方は西洋思想に古くからある。カルヴァンは自己愛を「ペスト（疫病）」と呼んだ。[*14]

フロイトは自己愛について精神医学用語を使って論じているが、彼の価値観はカルヴァンと同じだ。フロイトにとって、自己愛はナルシシズムと同じ、つまりリビドーが自身に向かって逆流することである。ナルシシズムは人間の発達におけるいちばん最初の段階であり、後になってからナルシシズム段階に戻ってしまった人は愛することができず、極端な場合には精神に異常をきたす。フロイトに言わせれば、愛はリビドーの発現であり、リビドーは他人に向くこともあれば（愛）、自分に向かうこともある（自己愛）。愛と自己愛とは、一方が多くなれば他方がそのぶん少なくなるという意味で、たがいに排他的である。このように自己愛が悪いものだとすれば、自己犠牲は美徳ということになる。

そうだとしたら、以下のような疑問が生じる。自分を愛することと他人を愛することは根本的に矛盾するという説は、心理学的な観察に裏づけられているのか。自分に向けられた愛は利己主義と同じ現象なのか。それとも反対なのか。さらに、現代人の利己主義は、ほんとうに、知的・感情的・感覚的能力をそなえた一個人としての自分自身にたいする関心なのか。現代人は、みずからの社会的・経済的役割の付録にすぎないのか。現代人の利己主義は自己愛と同じものなのか。むしろ自己愛が欠如しているために利己主義的になっているのではないか。

利己主義と自己愛の心理学的な側面について論じる前に、他人にたいする愛と自分への愛は両立しないという考えが論理的にまちがっていることを指摘しておく必要がある。隣人をひとりの人間として愛することが美徳だとしたら、自分を愛することだって美徳だろう。少なくとも悪ではないだろう。自分だってひとりの人間なのだから。そのなかに自分を含まないような人間の概念はない。自分を排除するような理論は本質的に矛盾している。聖書に述べられている「汝のごとく汝の隣人を愛せ」という考え方の裏にあるのは、自分の個性を尊重し、自分を愛し、理解することは、他人を尊重し、愛し、理解することとは切り離せないという考えである。自分を愛することと他人を愛することは、不可分の関係にあるのだ。

ここで私たちは、私たちの議論の結論の根拠になっている心理学上の基本的な前提について述べなければならない。一般に、そうした心理学上の前提とは次のようなものだ。すなわち、他人だけでなく私たち自身も、私たちの感情や態度の「対象」になりうる。他人にたいする態度と自分にたいする態度は、矛盾しているどころか、基本的に結びついている。これを愛の問題に重ねあわせてみると、他人への愛と自分への愛は二者択一ではないということになる。それどころか、自分を愛する態度は、他人を愛せる人すべてに見られる。原則として、「対象」と自分とはつながっているのであるから、他者への愛と自己愛とを分割することはできない。純粋な愛は生産性の表現であり、そこには配慮、尊重、責任、知が含まれている。愛は誰かに影響されて生まれるものではなく、自分の愛する能力にもとづいて、愛する人の成長と幸福を積極的に求めることである。

　誰かを愛することは、愛する能力を集中し、実現することである。愛とは、本質的に人間的な特質が具体化されたものとしての愛する人を、根本において肯定することである。ひとりの人間を愛するということは、人間そのものを愛することでもある。自分の家族は愛するが他人には目を向けないという態度を、ウィリアム・ジェイムズ〔一九―二〇世紀アメリカの哲学者・心理学者〕は「分業」と呼んだが、これは根本的に愛することができないことのあらわれである。しばしば、人間そのものを愛することは、特定の個人を愛することの後からくる抽象的なものだと考えられているが、そうではない。たしかに現実には特定の個人を愛するときにはじめて人間そのものを愛することになるが、人間そのものを愛することは、特定の人間を愛することの前提なのである。

　以上のことからわかるように、私自身もまた他人と同じく私の愛の対象になりうる。

自分の人生・幸福・成長・自由を肯定することは、自分の愛する能力、すなわち配慮・尊重・責任・知に根ざしている。もしある人が生産的に愛せるなら、その人は自分のことも愛している。他人しか愛せない人は、愛することがまったくできないのである。

自分への愛と他人への愛が基本的につながっているとしたら、利己主義をどう説明したらよいだろう。というのも利己主義は他人にたいする純粋な関心をいっさい排除しているように見える。利己的な人は自分にしか関心がなく、なんでも自分の物にしたがり、与えることには喜びを感じず、もらうことにしか喜びを感じない。利己的な人は外界を、自分がそこから何を得られるかという観点からしか見られない。他人の欲求にたいする関心も、他人の尊厳や個性にたいする尊敬の念ももたない。利己的な人には自分しか見えない。自分の役に立つかどうかという基準ですべてを判断する。そういう人は根本的に愛することができない。

だとしたら、他人への関心と自分への関心は両立しないのだろうか。利己主義と自己愛が同じものだとしたらそうなるだろうが、この仮定は誤りである。この誤りがもとになって、私たちが論じている問題をめぐって、数多くのまちがった結論が出されてきた。利己主義と自己愛とは、同じどころか、正反対である。利己的な人は、自分を愛しすぎるのではなく、愛さなすぎるのである。いや実際のところ、その人は自分を憎んでいるのだ。そのように自分にたいする愛情と配慮を欠いているのは、その人が生産性に欠けていることのあらわれにほかならず、そのせいで、その人は空虚感と欲求不満から抜け出すことができない。当然ながらその人は不幸だ。人生から満足をつかみとろうと必死にもがくが、自分で自分の邪魔をしている。自分を愛しすぎているかのように見えるが、実際には、ほんとうの自己を愛せないことをなんとか埋めあわせ、ごまかそうとしているのだ。

フロイトによれば、利己的な人間はナルシシズム傾向が強く、いわば自分の愛を他人から引きあげ、自分に向けている。たしかに利己的な人は他人を愛せないが、同時に、自分のことも愛せないのである。

利己主義をもっとよく理解するには、たとえば子どもをかまいすぎる母親に見られるような、他人にたいする貪欲な関心と比べてみればいい。そういう母親は、意識のうえでは、心から子どもを愛していると思いこんでいるが、じつは関心の対象にたいして深く抑圧された憎悪を抱いている。彼女が子どもをかまいすぎるのは、子どもを愛しすぎているからではなく、子どもをまったく愛せないために、それを埋めあわせようとしているのだ。

利己主義の性質に関するこの理論は、神経症的な「非利己主義」をめぐる精神分析学の経験に裏づけられている。神経症のこの症状はかなり多くの人に見られる。ただし、彼らはふつう、直接この症状に苦しんでいるわけではなく、それと関連した他の症状、たとえば抑鬱、疲労、労働意欲の欠如、恋愛関係の失敗といった症状に苦しんでいる。非利己主義は「症状」とみなされていない。それどころか、そうした傾向をもつ人びとはしばしばそれをよい性格特性として誇りに思っている。「非利己的な」人は「自分のためには何も欲しがらず」、「他人のためだけに生き」、自分を大事に思わないことを誇りにしている。ところが、非利己的であるのに幸福にはなれず、ごく親しい人びととの関係にも満足できないので、当惑している。

そういう人を分析してみると、その人の非利己主義は、他の症状と無関係なのではなく、症状のひとつであり、ときにはもっとも重要な症状であることがわかる。そういう人は、愛する能力や何かを楽しむ能力が麻痺《まひ》しており、人生にたいする憎悪にみちている。見かけの非利己主義のすぐ後ろには、かすかな、だが同じくらい強烈な自己中心主義が隠れている。非利己主義もまた他と同じく症状のひとつであることを理解し、非利己主義も他の症状も生産性の欠如が原因であることを理解し、その生産性の欠如を治療しないかぎり、非利己的な人間は治癒《ちゆ》しない。

非利己主義の本質がいちばんはっきりとあらわれているのは、それが他人におよぼす影響、とくに現代社会においては「非利己的な」母親がその子どもにおよぼす影響のなかである。そういう母親は信じている――子どもは母親の非利己主義を見て、愛されるとはどういうことなのか、さらには愛するとはどういうことなのかを学ぶにちがいない、と。ところが、母親の非利己主義は、期待どおりの影響はおよぼさない。そういう母親に育てられた子どもは、愛されていると確信している人間が見せるような幸福な表情を見せない。彼らは不安におびえ、緊張し、母親に叱られることを恐れ、なんとか母親の期待に沿おうとする。ふつう子どもたちは、人生にたいする母親の隠された憎悪を、はっきり認識できるわけではないが、敏感に察知し、それに影響され、ついにはすっかり染まってしまう。

結局のところ、「非利己的な」母親の影響は利己的な母親の影響とたいして変わらない。いやそれどころか、もっとタチがわるいこともある。なぜなら、母親が非利己的だと、子どもは母親を批判できない。子どもたちは、母親を失望させてはならないという重荷を課せられ、美徳という仮面のもとに、人生への嫌悪を教えこまれる。純粋な自己愛をもった母親が子どもにどのような影響をおよぼすかを見てみればわかるように、愛や喜びや幸福がどんなものであるかを子どもが知るためには、自分自身を愛する母親に愛されるのがいちばんだ。

以上のような自己愛をめぐる思想をこのうえなくみごとに要約しているのは、マイスター・エックハルト〔中世ドイツの神秘主義者〕である。「もし自分自身を愛するなら、すべての人間を自分と同じように愛している。他人を自分自身よりも愛さないならば、ほんとうの意味で自分を愛することはできない。自分を含め、あらゆる人を等しく愛するなら、彼らをひとりの人間として愛しているのであり、その人は神であると同時に人間である。したがって、自分を愛し、同時に他のすべての人を等しく愛する人は、偉大であり、正しい[*15]」

e　神への愛

これまでに述べてきたように、私たちが愛を求めることは、孤立の経験と、そこから生じる欲求、すなわち合一体験によって孤立の不安を克服したいという欲求に由来する。宗教的な愛、すなわち神への愛と呼ばれるものも、心理学的にいえば、他の愛となんら変わらない。すなわち神への愛も、孤立を克服して合一を達成したいという欲求に由来する。実際、神への愛にも、人間にたいする愛と同じ数の特質と側面があり、さまざまな形がある。その点でも、人間にたいする愛と変わらない。

多神教か一神教かにかかわらず、神を崇拝するすべての宗教において、神は最高の価値であり、最高の善の象徴である。したがって、人が神をどのようなものと捉えるかは、その人が何を最高善と考えるかによって異なる。それゆえ、神の概念を理解するためにはまず、神を崇拝する人間の性格構造を分析する必要がある。

私たちの知るかぎり、人類の発達の特徴は、自然・母親・血縁・土地からの人間の脱却であるといえよう。人類の歴史がはじまったころ、人間は、すでに自然との原初の結びつきを失ってはいたが、まだその絆にしがみついていた。原初の絆に戻ることで、あるいは絆にすがりつくことで、安全を確保しようとした。いまだ動物や樹木と一体化していると感じていたし、自然界と一体でありつづけることで合一感を得ようとした。実際にそうした発達段階があったことは、多くの原始的な宗教が証明している。動物はトーテムとなり、人間はおごそかな宗教儀式や戦争のときには動物の仮面をかぶり、動物を神として崇拝する。

人類がさらに発達し、人間の技術がいわば職人仕事や芸術の域に達し、たまたま見つけた果実とか自分が殺した獣《けもの》といった自然の恵みだけに頼らずにすむようになると、人間は自分の手でつくり出したものを神に変える。これが、粘土や銀や金でつくった偶像を崇拝する段階である。人間は自分の力や技能を、自分のつくった物に投影する。つまり、自分の能力や財産を、他の物へと疎外された形で崇拝するのだ。

もっと後の段階になると、人間は神に自分の姿を与える。これは、人間が自分のことをさらによく知るようになり、人間こそがこの世で最高の「もの」であることを発見したときにはじめて起こりうることだ。人間の姿をした神を崇拝するというこの段階は、二つの面で発達していく。一方は神が女性的な性質をもつか男性的な性質をもつかということと関係し、他方は人間がどの程度まで成熟したかということである。これが神の性質を、そして神にたいする人間の愛の性質を、決定する。

はじめに、母親中心的な宗教から父親中心的な宗教への発達について述べよう。一九世紀なかばのバッハオーフェン〔スイスの人類学者、法律学者〕やモーガン〔アメリカの人類学者」の決定的な大発見によれば（当時、学会では受け入れられなかったが）、少なくとも数多くの文化において、父権的宗教の前に母権的宗教があったことはほぼまちがいない。母権的宗教において、最高位の存在は母親である。母親は女神であり、家庭でも社会でも権威者である。

母権的宗教の本質を理解するには、母性愛の本質について先に述べたことを思い出してみればいい。母性愛は無条件の愛であり、ひたすら保護し、包みこむ。無条件だから、コントロールすることも自力で獲得することもできない。母親に愛される人は無上の喜びをおぼえ、愛されない人は孤独と絶望に苦しむ。母親が子どもを愛するのは、その子が自分の子どもだからであって、「よい子」だからでも、言うことをよく聞くからでも、母親の願いや命令どおりにふるまうからでもない。母親の愛は平等である。人間はみんな母親から生まれた子どもであり、母なる大地の子どもであるから、すべての人間は平等である。

人間の進化における次の段階は、父権的な段階である。母権的段階とはちがって、私たちは父権的段階を、推論や想像にもとづく再現に頼らずとも、じゅうぶん知っている。この段階では、母親は最高位から引きずりおろされ、社会においても宗教においても、父親が至高の存在となる。父性愛の本質は、父親が要求し、規律や掟《おきて》をつくることであり、父親が子どもを愛するかどうかは、子どもが父親の要求にしたがうかどうかにかかっている。父親が好む息子は、自分といちばんよく似た息子、いちばん従順で、自分の後継者、財産の相続者としてもっともふさわしい息子である（父権制社会は私有財産制の発達と並行して発達した）。その結果、父権制社会は序列的（階層的）になり、兄弟間の平等は競争と反目に取って代わられる。インド、エジプト、ギリシアの文化や、ユダヤ・キリスト教、イスラム教などは、父権制世界の典型である。そこには、男の神々とそれを支配するひとりの神がいるか、あるいは、たったひとりの「神」を除いて他の神はすべて消されている。

しかしながら、母性愛を求める気持ちを人間の心から根こそぎにすることはできない。愛情あふれる母親の像が神殿から完全に放逐《ほうちく》されなかったことは不思議ではない。ユダヤ教の場合は、とりわけ神秘主義のさまざまな流れにおいて、神の母親的側面がふたたび導入された。カトリックでは、教会や処女マリアが母親を象徴している。

プロテスタントでも、母親像は、表には出ていないが、完全に根こそぎにされたわけではない。ルターは自分の根本的主張として、人はどんな行為によっても神の愛を獲得することはできないと述べた。神の愛は恩寵《おんちょう》であり、宗教的態度とは、この恩寵を信じ、自分自身を小さな無力な存在にすることである。どんなによいことをしても、神の愛に影響をおよぼすことはできない。つまりカトリックの教義にあるように、神に私たちを愛させることはできない。よき行いについてのカトリックの教義もまた、父権的な構図の一部であることがわかる。父親の愛は、服従と、父親の要求をみたすことで、獲得できる。

いっぽう、ルターの教義は、表面上はきわめて父権的だが、母権的な要素を隠しもっている。母性愛は獲得することができない。あるか、ないか、である。母親の愛を手に入れるためにできることといったら、信じること（「詩篇」の作者ダビデ王はいう、「私を母の乳房に委《ゆだ》ねてくださったのはあなたです」*16）と、自分をよるべない無力な者にすることだけである。しかし、ルターの信仰の特異な点は、母親が表面からすっかり姿を消し、父親に入れ替わっていることである。母親に愛されるという確実性にかわって、強い不安感と、父親の無条件の愛を望むという不可能な願いが、際立った特徴となっている。

以上のように、宗教における父権的要素と母権的要素のちがいについて述べたのは、神への愛の特徴は、それぞれの宗教における父権的な面と母権的な面の比重によって決まることを示すためである。父権的な側面において、私は神を父親のように愛する。私はこう考える――神は正しく、厳格で、罰や褒美《ほうび》を与える者であり、最後には私をお気に入りの息子として選ぶだろう、と。神がアブラハム・イスラエルを選び、イサクがヤコブを選び、神がお気に入りの民を選んだように。

宗教の母権的な側面においては、私は神を、ひたすら抱擁してくれる母親のように愛する。私は神の愛を信じる。たとえ私が貧しかろうと、無力だろうと、罪人だろうと、神＝母親は私を愛し、他の子どもを私より依怙贔屓《えこひいき》することはないだろう。私の身に何が起ころうと、私を救ってくれ、許してくれるだろう。

いうまでもなく、私の神への愛と、神の私への愛とは、切り離すことができない。もし神が父親なら、神は私を息子のように愛し、私は神を父親のように愛する。もし神が母親なら、私の神への愛も、神の私への愛も、母親と子どものあいだの愛のようになる。

しかし、神への愛の母親的な側面と父親的な側面とのちがいは、この愛の性質を決定する要素のひとつにすぎない。もうひとつの要素とは、個人がどれくらい成熟しているか、したがってその人の神の概念や神への愛がどれくらい成熟しているかということである。

人類の進化は、母親中心的な社会構造から父親中心的なそれへと移行し、宗教もまた同じ道をたどったので、愛の成熟過程は、おもに父権的な宗教の発達のなかに跡づけることができる。[*17] この発展の初期には、横暴で嫉妬深い神がいた。この神は自分のつくった人間を自分の所有物とみなし、人間にたいして好き勝手なことをする。この段階の宗教では、神は、人間が知恵の木の実を食べて神になってしまわないようにと、人間を楽園から追放し、お気に入りの息子ノア以外には気に入った人間がひとりもいないという理由で、洪水で人類を滅ぼそうとする。また、完全な服従の行為によって神への愛を証明させようと、アブラハムに最愛の一人息子イサクを殺すよう命じる。

だがそれと同時に、新しい段階がはじまった。神はノアと契約を結び、二度と人類を滅亡させないと約束する。この契約によって神もまた縛られる。神は、自分の約束に束縛されるだけでなく、正義という自分の原理によっても束縛される。そのため、少なくとも正しい人が一〇人いたらソドムを救うべきだというアブラハムの要求を呑まざるをえない。

こうして神は、横暴な部族長から、愛する父親へ、さらには自分の決めた規律にみずからも縛られる父親へと変わったが、さらに進化は続く。すなわち、神は父親からさらに、正義・真理・愛という原理の象徴となる。神こそが真理であり、正義である。この発展段階で、神は人間であること、男であること、父親であることをやめ、さまざまな現象の背後にある統一原理の象徴となり、人間の内にある種子から育つであろう花を象徴するものになった。だから神は名前をもつことができない。なぜなら、名前というのはつねに物とか人間とか、何か限定されたものを示す。神は人間でも物でもないのだから、名前をもてるはずがあろうか。

この変化を物語るもっとも印象的な出来事は、聖書の、モーゼにたいする神の啓示の物語に見られる。モーゼは神に言う——神の名前を言えなければ、自分が神の使いであることをヘブライ人たちは信じないだろう、と(偶像の本質はまさに名前をもつことにあるのだから、どうして偶像崇拝者たちが名前のない神を理解することができようか)。すると、神は譲歩した。神はモーゼに、「私は『私はある』という者だ」と告げる(旧約聖書「出エジプト記」三・一三—一四)。「ある」とは、神が有限ではなく、人間でも「実在する者」でもないことを意味している。これをもっとも適切に言い換えるとすれば、「私の名前は名無しである」ということになるだろう。神のいかなる像もつくってはならない、みだりに神の名を唱えてはならない、いやいっさい神の名を口にしてはならない、といった禁止はすべて、神は父親であり人間であるという考えを人びとの頭から取り払うことを目的としている。

その後の神学の発展のなかで、この思想はさらに、神にいかなる肯定的な属性も与えてはならないという原理にまで発展した。神は賢いとか、強いとか、善いとか言うことは、神が人間であることを暗に示している。私たちにできることはせいぜい、神はこういうものではない、と述べることくらいだ。つまり否定的な属性を挙げて、神は有限でない、不親切でない、不公平でない、と述べることくらいである。神が何でないかを知れば知るほど、神のことをよく知ることになる。[*18]

こうした一神教の考え方がさらに成熟していくと、結局、たったひとつの結論に達する。すなわち、神はけっしてその名を口にしない、神について語ることもしない。こうして一神教の神学においては、神は潜在的にありうる者、名前のない「一者」、表現不能の者となる。それは、あらゆる現象世界の背後にある統一や、あらゆる存在の根拠を象徴するものである。すなわち神は真理・愛・正義そのものになる。私がひとりの人間であるかぎり、神は私でもある。

いうまでもなく、人間の姿をした神から、純粋な一神論原理としての神への進化は、神への愛の性質を一変させた。アブラハムの神は、父親として愛されることもあれば、畏《おそ》れられることもあり、ときには罪を許すという面が、ときには怒りが、前面に出る。神が父親であるかぎり、私は子どもである。私は、全知全能への自閉的な願望から完全には脱却できていない。私はまだ、自分の人間としての限界や、自分が無知無力であることを認めるだけの客観性を身につけていない。私は子どもみたいに言い張る――私を救い、見守り、罰する父親がいるはずだ、と。その父親は、私が従順であれば私を好いてくれ、私が讃《たた》えればご機嫌《きげん》になり、私が言うことを聞かないと怒る。

あきらかに、ほとんどの人はその人格の発達において、この幼児的な段階を脱していない。したがって、ほとんどの人にとって、神を信仰するということは、助けてくれる父親を信じるという子どもっぽい幻想なのである。このような宗教観は、人類の偉大な師たちや、ごく少数の人びとによって克服されたにもかかわらず、いまだに宗教の主流をなしている。

そうであるかぎり、神の観念にたいするフロイトの批判はまったく正しい。だがフロイトの誤りは、一神論的宗教のもうひとつの側面、すなわち、それを論理的に突きつめればは神の観念の否定につながるような、一神教の真の核心部分を見落としたことである。真に宗教的な人は、もしも一神教思想の本質にしたがうならば、何かを願って祈ったりしないし、神にたいしていっさい何も求めない。子どもが父や母を愛するように神を愛したりもしない。そういう人は、自分の限界を知るだけの謙虚さを身につけており、自分が神について何ひとつ知らないことを承知している。そのような人にとって、神は、進化のもっと前の段階で、人間が自分たちの熱望するものすべて、すなわち精神世界、愛、真理、正義として表現していたものの象徴となる。そういう人は、「神」が表象するさまざまな原理を信仰する。すなわち真理について思索し、身をもって愛と正義を生きる。彼はこう考える――人生は、自分の人間としての能力をより大きく開花できるような機会を与えてくれるという意味においてのみ価値があり、能力の開花こそが真に重要な唯一の現実であり、「究極的関心」のただひとつの対象なのだ、と。彼は神について語らないし、その名を口にしない。彼のいう「神を愛する」ということは、最大限の愛する能力を獲得したいと願うことであり、「神」が象徴しているものを実現したいと望むことである。

この観点からすると、一神教思想の論理的帰結は、すべての「神‐学」、あらゆる「神についての知」の否定である。ただし、このような徹底した非神学思想と、たとえば初期仏教や道教に見られるような非有神論的体系とのあいだにはちがいがある。

すべての有神論的体系は、たとえそれが非神学的な神秘主義的な体系であっても、精神世界が実在すると仮定する。その精神世界は人間を超越しており、人間の精神的能力や、救済や内的誕生への渇望に、意味と正統性を与えるものである。一方、非有神論的な体系では、人間の外に、あるいは人間を超越したところに、精神世界は存在しない。愛や理性や正義は実在する。それはひとえに、人間が進化の過程で、自分自身の内部でこれらの能力を発達させることができたからである。この観点からすると、人間が自分で意味を与えないかぎり、人生には意味がない。人間は、他人を助けないかぎり、いつまでも孤独である。

これまで神への愛について語ってきたが、ここで次のことを明言しておきたい。私自身は、なんらかの有神論の概念を用いて考えているわけではない。また、私にとっての神の概念とは、歴史的に限定された一概念にすぎない。人間は、歴史のある時点で、より高次の能力を経験したことや、真理や合一への渇望を、神という概念によって表現しようとした。しかし私は同時に、厳格な一神教と、精神世界にたいする非有神論の究極の関心とは、異なっているとはいえ、たがいに争う必要はないと考えている。

だが、ここにいたって、神への愛にまつわる別の角度からの問題がもちあがる。それについては、その問題の複雑さを推しはかるためにも、論じておかねばならない。その問題とは、東洋（中国とインド）と西洋の宗教的態度の基本的なちがいである。このちがいは論理的概念によって説明できる。アリストテレス以来、西洋世界はアリストテレス哲学の論理にしたがってきた。その論理とは、AはAであるという同一律と、矛盾律（Aは非Aではない）と、排中律（Aでないと同時に非Aでもないということはありえない）にもとづく。アリストテレスは自分の立場を次のように明確に述べている。

「同じものが、同時に、そして同じ事情のもとで、同じものに属し、かつ属さないということは不可能である。反論を防ぐために、その他の条件をいろいろ付加する必要があれば、してもよい。だがとにかく、これがすべての原理のうちでもっとも確かな原理である」[*19]

このアリストテレス論理学の公理は、私たちの思考習慣にあまりに深く浸透しているので、「自然」で自明のように感じられ、「XはAであると同時に非Aでもある」と言われると、意味をなさないように思われる（もちろんこの場合、Xはある時点における

Xのことであって、あるときのXとその後のXというわけでも、Xの一局面と他の局面というのでもない)。

アリストテレス論理学の対極にあるのが、逆説論理学とでも呼びうるもので、これによれば、Aと非AとはXの属性としてたがいに排除しあわない。逆説論理学は、中国やインドの思想、ヘラクレイトス〔古代ギリシャの哲学者〕の哲学において主流を占め、さらに、弁証法の名のもとに、ヘーゲル、そしてマルクスの哲学となった。逆説論理学の一般原理については、老子が明確に説明している。「厳密に真実である言葉は逆説的であるように見える」。[*20] また荘子の説明ではこうだ。「ひとつであるものはひとつである。ひとつでないものもまたひとつである」。これらの公式は「……であり……でない」というふうに肯定的だが、「……はこれでもなく、あれでもない」といった否定の公式もある。前者の思想表現は、道教、ヘラクレイトス、そしてヘーゲルの弁証法に見られ、後者の公式はインド哲学によく見られる。

アリストテレス論理学と逆説論理学のちがいについて詳しく述べることは、この本の守備範囲を超えることになるので、この原理をもっとわかりやすくするために、いくつか例を挙げよう。西洋思想において、逆説論理学がはじめて哲学的表現を得たのは、へラクレイトスの哲学においてである。ヘラクレイトスは、反対物の葛藤《かっとう》こそがあらゆる存在の基盤であると考えた。彼は言う。「すべてを含む『一者』が、矛盾を抱えながら、どうしてそれ自身と一致するのかを、彼らは理解しない。そこには、弓や琴に見られるような矛盾した調和があるのだ」[*21]。あるいは、もっとはっきりとこう言っている。「われわれは同じ川に入っていくのでもあり、入っていかないのでもある。われわれは存在するのでもあり、存在しないのでもある」[*22]。あるいは、こうも言っている。「生と死、覚醒と睡眠、若年と老年は、いずれも同一のものとしてわれわれの内にある」[*23]

老子の哲学では、同じ思想がもっと詩的に表現されている。以下に挙げる例は、道教の逆説的思考の典型例である。「重さは軽さの根であり、静は動の支配者である」[*24]。あるいは「道《タオ》はふつう何もなさず、したがって道のなさぬものはない」[*25]。あるいは、「私の言葉は、理解することも実践することもいたって簡単だ。しかし私の言葉を理解し、実践できる人はいない」[*26]。道教の考え方では、インドやソクラテスの思想と同じく、思考が達しうる最高の段階は、自分の無知を知ることである。「知っていながら知らない「と思う」ことが、最高「の到達点」なのだ。知らないのに知っている「と思う」ことは病気である」[*27]

この考え方を推しすすめれば、当然、最高神には名前がつけられないということになる。究極の現実、究極の「一者」は、言葉や思想では捉えられない。老子がいうように、「踏みしだくことのできるような道は、恒久不変の道ではない。名づけられるような名は恒久不変の名ではない」[*28]。あるいは別の言い方によれば、「われわれはそれを見るのだが、それは見えない、そういうものを『平静なるもの』と名づける。われわれはそれを聞くが、それは聞こえない、そういうものを『聞こえないもの』と名づける。われわれはそれをつかもうとするが、つかめない、そういうものを『微妙なもの』と名づける。これら三つの特質から、形容されているものそれ自体は浮かんでこない。だからこそ、われわれはこれらを混ぜあわせ、『一者』を得る」[*29]。同じ考えをさらにちがった角度から表現するとこうなる。「〔道を〕知る者は、〔道について好んで〕語らない。道について語ろうとする人は〔どれほど語りたがっても〕道を知らない人である」[*30]

バラモン哲学は、（現象の）多様さと統一（ブラフマン）との関係を問題にした。だが、インドや中国の逆説的哲学を二元論的な発想と混同してはならない。調和（統一）は対立のなかにあり、対立からなる。「最初からバラモン思想の中心だったのは、現象世界にあらわれ出る力や形は、対立しあっていると同時に同じものでもある、という逆説である」[31]。人間における最高の力も、世界における最高の力も、概念と感覚をともに超えている。それゆえ、それは「これでもなく、あれでもない」。しかし、ツィンマー〔ドイツのインド学者〕が指摘するように、「二元論とは根本的に異なるこの考え方では、『実在と非実在』とのあいだに対立はない」[32]。バラモンの思想家たちは、多様性の背後に統一を探し、次のような結論に達した。すなわち、二つの対立するものが知覚されるのは、物が対立しているからではなく、知覚する心が二つに分裂し、たがいに対立しているからだ、と。真の実在に達するためには、知覚はみずからを超越しなければならない。対立は人の心に関するカテゴリーであって、それ自身は実在の一要素ではない。リグ＝ヴェーダでは、この原理は次のように書かれている。「私は二である。すなわち生命力であり、生命の質量であり、同時にその二つである」。この考えを究極まで突きつめると、思考は矛盾においてしか世界を知覚できないということになる。

ヴェーダンタ哲学では、この考え方がいっそう徹底的に追求される。すなわち、思考は——たとえどんなに優れた点があるとしても——「より見破りにくくなった無知にすぎない。実際、それは、マーヤー〔現象世界を背後で操る力〕のあらゆる惑《まど》わしの技のうちでもっとも見破りにくいものである」[33]。

逆説論理学は、神の概念とおおいにかかわりがある。神が最高の実在であり、人の心が矛盾においてしか実在を知覚できない以上、神について肯定的に語ることはできない。ヴェーダンタ哲学では、全知全能の神という概念は、無知の極みとみなされる。[*34] ここには、「道」の無名性や、神がモーゼに明かした「名無し」という名や、マイスター・エックハルトの「絶対無」に通じる考え方が見られる。人間は最高の実在を、否定的にしか知ることができず、絶対に肯定的に知ることはできない。「神が何でないかはよく知ることができるかもしれないが、神が何であるかを知ることはできない。(中略) このように心は無と向きあいつつ、最高の善を求める」。[*35] 「唯一なる神は否定の否定、否認の否認である。(中略) すべて被造物は否定を含んでいる。すなわち、これはあれではない」。[*36] これは、マイスター・エックハルトにとって神が「絶対無」となったことの論理的帰結にすぎない。同様に、カバラ〔ユダヤ教神秘思想〕では、最高の実在は「エン・ソフ」、すなわち「無限なる神」である。

これまでアリストテレス論理学と逆説論理学とのちがいについて述べてきたのは、神への愛という概念における重要な差異について論じるためである。逆説論理学の教師は、こう教える——人は矛盾においてしか知覚できず、最高の唯一の実在である神を思考によって知ることはできない、と。ここから、思考のなかに答えを求めることを究極の目的としてはならない、という結論が導かれる。思考はたんに、思考によっては究極の答えを知ることはできない、ということを人に教えるだけだ。思考の世界は逆説にとらわれたままである。結局のところ、世界を知るただひとつの方法は、思考ではなく、行為、すなわち一体感の経験である。したがって逆説論理学はこのような結論に達する──神への愛とは、思考によって神を知ることでも、神への愛について考えることでもなく、神との一体感を経験する行為である。

それゆえ、正しい生き方が重んじられる。些細なことも重要なことも含め、生活のすべては、神を知るために捧げられる。ただし、正しい思考によってではなく、正しい行いによって知る。東洋の宗教には、このことがはっきりあらわれている。バラモン教でも仏教でも道教でも、宗教の究極的目的は、正しい信仰ではなく、正しい行いである。ユダヤ教でも、やはり正しい行いが重視される。ユダヤ教の伝統においては、信仰をめぐる分裂はほとんどなかった（唯一の大きな例外はパリサイ人とサドカイ人の対立だが、これは本質的に階級対立だった）。（とくに紀元後の）ユダヤ教は、正しい生き方、すなわちハラカーを強調した（実際、ハラカーという言葉は「道《タオ》」と同じ意味だ）。

近代に目を向けると、これと同じ原理はスピノザ、マルクス、フロイトの思想に見られる。スピノザの哲学では、正しい信仰よりも正しい生き方が重視される。マルクスはこの原理を、「哲学者たちは世界をさまざまに説明してきたが、必要なのは世界を変えることだ」〔『フォイエルバッハに関するテーゼ』〕という言い方で表現している。フロイトは逆説論理学から、精神分析療法という、自分自身をより深く体験する方法を編み出した。

逆説論理学の立場からすれば、重要なのは思考ではなく行為である。この姿勢から、他のいくつかの結果が生じる。第一に、それはインドや中国における宗教の発展に見られるような寛容につながる。正しい思考が究極の真理なのではなく、救済への道でもないとしたら、自分とちがう原理に到達した他の人びとと争う理由はない。暗闇で象について説明するように言われた人びとの話は、このことをじつに巧みに表現している。象の鼻にさわった人は「この動物は水ギセルのようです」と言い、耳にさわった人は「この動物は扇のようです」と言い、足にさわった人は「この動物は柱のようです」と答えたという。

第二に、逆説的な立場からすると、一方で教義を、他方で科学を発展させるよりも、むしろ人間を変えることが重要になる。インドや中国の宗教や神秘主義においては、人の宗教的なつとめは、正しく考えることではなく、正しい行いをすること、そして／あるいは、精神を集中させた瞑想の行為のなかで神と一体になることである。

西洋思想の本流では、これが逆になる。正しい行為も重要だとされたが、最高の真理は正しい思考のうちにあると考えられたので、おもに思考が強調されてきた。そのため、宗教においては教義体系がつくりあげられ、教義の表現をめぐるはてしない議論が繰り返され、「無信仰者」や異端者にたいして不寛容だった。さらに、宗教的な態度の第一目標として、「神を信じる」ことが強調された。もちろん、人は正しく生きなければならないという考え方がなかったわけではないが、神を信じる人は、たとえ神を生きていなくとも、神を生きているが「信じて」いない人よりも自分のほうが優れていると感じていた。

思考の重視は、もうひとつ、歴史的に見てきわめて重要な結果をもたらした。思考によって真理を発見できるという発想は、宗教の教義だけでなく、科学を生んだ。科学的思考においては、知的誠実さという点からも、科学的思考の実践つまり技術への応用という点からも、正しい思考こそがすべてである。

要するに、逆説的思考は、寛容と自己変革のための努力を生み、アリストテレス的な思考は、教義と科学を、すなわちカトリック教会と原子力の発見をもたらした。

この二つの立場のちがいによって、神への愛がどうちがってくるかについては、すでに説明してきたので、後は簡単に要約するだけでいいだろう。

西洋において支配的な宗教では、神への愛は、本質的に、神（神の実在、神の正義、神の愛）を信じることと同義である。神への愛は、本質的に思考上の体験である。それにたいして、東洋の宗教や神秘主義においては、神への愛は、神との一体感という感覚的で強烈な体験であり、それは、生のすべての行為においてその愛を表現することと不可分に結びついている。

この目標にもっとも徹底した表現を与えたのはマイスター・エックハルトである。「それゆえ、もし私が神となり、神が私をご自身とひとつにしてくださるなら、そのとき、生ける神の御名において、神と私のあいだにはどんな区別もない。（中略）神というものは、まるで神が向こう側に、私たちがこちら側にいるかのように見えるのだろう、と想像している人たちがいるが、それはちがう。神と私はひとつである。神を知ることにより、私は神を私自身へともたらす。神を愛することで、私は神の内へと入る」[*37]

さてここで、親への愛と神への愛とのあいだの重要な類似点に、話を戻そう。子どもははじめ、「すべての命の根拠」である母親に愛着する。子どもは自分を無力だと感じ、すべてを包みこんでくれる母親の愛を求める。その後、愛を向ける新しい中心として、父親を求めるようになる。父親は、思考と行為を導いてくれる原理である。この段階では、子どもの行為の動機となるのは、父親にほめられたい、父親の機嫌を損ないたくない、という欲求である。じゅうぶん成熟すると、子どもは、守ってくれる母親からも、命令する権威としての父親からも自由になり、自分自身の内に母性原理と父性原理をつくりあげる。子どもは自分自身の父親となり母親となる。自分が自分の父であり母なのだ。

人類の歴史においてもこれと同じ発達過程が見られる。今後も同じだろう。つまり神への愛は、はじめは母なる女神への無力な者の依存であり、次に父性的な神への服従となり、成熟した段階になると、人間は神を、人間の外側にある力とみなすことはやめ、愛と正義の原理を自分のなかに取りこみ、神とひとつになる。そして最終的には、詩的に、あるいは象徴的にしか、神について語らないようになる。

このように見てくると、神への愛は、親にたいする愛と密接な関係にあることがわかる。もし、母親・部族・民族にたいする近親相姦的な愛着から抜け出せないと、あるいは、賞罰を与える父親や他の権威に依存する子どもっぽい段階にとどまっていると、神への愛を成熟させることはできない。そういう人は、初期段階の宗教、すなわちすべてを守る母親とか賞罰を与える父親として神を捉えていた段階の宗教しかもてない。

現代は、最初期のいちばん原始的な宗教から、発展の頂点に到達した宗教にいたるまで、あらゆる段階の宗教が共存している。「神」という言葉は、宗教によって、部族の長《おさ》を意味したり、「絶対無」を意味したりする。いっぽう、各個人は自分のなかに、すなわちフロイトが指摘したように自分の無意識のなかに、無力な幼児の段階から以後のすべての段階を保持しつづけている。問題はその人がどの段階まで成熟したかということである。

確かなことがひとつある。ある人の神への愛の性質は、その人の人間にたいする愛に似ている。また、神への愛や人間への愛のほんとうの性質に、当の本人は気づいていないことが多い。人びとは、愛とは何かについて、より成熟した考えをもつことで、愛の本質から目をそむけ、合理化しようとするのだ。さらにいうと、他人への愛は、直接には家族関係に根ざしているが、結局は、その人が生きている社会の構造によって決定づけられる。目に見える権威であれ、市場とか世論といった目に見えない権威であれ、権威への服従を強いるような社会構造だと、人は幼児的な神の概念を抱く。それは、一神教の歴史にその萌芽が見られるような成熟した概念からはほど遠い。

第三章　愛と現代西洋社会におけるその崩壊

愛が成熟した生産的な能力だとしたら、どんな社会に生きる人も、その愛する能力は、その社会が人びとに広くおよぼす影響に左右される。現代西洋社会における愛について論じることは、すなわち、西洋文明の社会構造とそこから生まれた精神が、愛の発達を促進するようなものであるかどうかを問うことだ。そして、そのような問いが生じるということは、答えが「否」、つまり促進するものではないということである。西洋社会を客観的に見れば、あきらかに、友愛・母性愛・恋愛を問わず、愛が比較的まれにしか見られず、さまざまな偽りの愛に取って代わられている。この偽りの愛こそ、愛の崩壊のあらわれにほかならない。

資本主義社会は、一方では政治的自由の原理に、他方では市場原理にもとづいている。市場原理はあらゆる経済的関係を（したがって社会的関係をも）規制する。商品市場は商品の交換条件を決定し、労働市場は労働力の売買を規制する。有用な物も、有用な労働力や技能も、すべていったん商品化され、暴力や詐欺《さぎ》によってではなく、市場の条件にしたがって交換される。たとえば靴は、どんなに有用で必要なものだとしても、市場において需要がなければ、なんの経済的価値（交換価値）もない。労働力や技能にしても、そのときの市場条件のもとで需要がなければ、交換価値はない。

資本家は労働力を買い、自分が所有している資本の有利な投資のために、その労働力を用いることができる。労働者は、餓死《がし》したくなければ、そのときの市場条件にしたがって、労働力を資本家に売り渡さなくてはならない。このような経済構造は価値体系にも反映している。資本は労働力を意のままに動かす。蓄積された物品は、生命をもたないのに、労働力や、人間の能力や、生きているものよりも、高い価値をもつ。

これが、資本主義がはじまって以来の基本構造であった。これはいまでも現代資本主義の特徴であるが、多くの要素が変化したため、現代の資本主義は独自の性質をもち、現代人の性格構造はその深刻な影響を受けている。

資本主義が発達した結果、資本はますます蓄積と集中の傾向を強めている。大企業はますます巨大化し、中小企業はどんどんつぶれていく。企業に投下された資本の持ち主は、その企業の経営からますます遠ざかっていく。何万、何十万という株主が企業を「所有」しており、いっぽう、経営陣は、高給をもらってはいるものの、その企業を所有しているわけではない。経営陣は、最大の利益をあげることよりも、企業の拡張や、自分の権力の拡大で、頭が一杯だ。

このように資本がいっそう集中し、強力な経営陣が出現するいっぽうで、労働運動も発展した。労働者の組織化によって、個々の労働者は労働市場で自分ひとりで労働力を売りに出す必要がなくなった。そして、労働者が加入する大きな労働組合もまた、個々の労働者に代わって、大企業と対決する強力な幹部によって運営されている。善《よ》かれ悪《あ》しかれ、資本においても労働力においても、主導権は個人から組織へと移行してきた。いまやますます多くの人びとが独立を失い、巨大な経済帝国の管理者たちに依存するようになっている。

こうした資本の集中化によって生じたもうひとつの重大な点は、現代資本主義の特徴でもあるが、特殊な形での労働の組織化である。高度に集中管理された大企業では、徹底した分業体制によって、個々の労働者は個性を失い、使い捨ての機械部品のようなものになっている。

現代資本主義社会に生きる人間が抱えている問題は、次のように整理することができよう。

現代資本主義はどんな人間を必要としているか。それは、大人数で円滑に協力しあう人間、飽《あ》くことなく消費したがる人間、好みが標準化されていて、他からの影響を受けやすく、その行動を予測しやすい人間である。また、自分は自由で独立していると信じ、いかなる権威・主義・良心にも服従せず、それでいて命令にはすすんでしたがい、期待に沿うように行動し、摩擦を起こすことなく、社会という機械に自分をすすんではめこむような人間である。無理じいせずとも容易に操縦することができ、指導者がいなくとも道から逸《そ》れることなく、自分の目的がなくとも、「成功せよ」「休まずに働け」「自分の役目を果たせ」「ただ前を見てすすめ」といった目的にしたがって働く人間である。

その結果、どういうことになるか?

現代人は自分自身からも、仲間からも、自然からも疎外されている。[*38] 現代人は商品と化し、自分の生命力を費やすことを、まるで投資のように感じている。投資である以上、現在の市場条件のもとで得られる最大限の利益をあげなくてはならない。人間関係は、本質的に、疎外されたロボットどうしの関係になっており、個人は集団にしがみつくことで身の安全を確保しようとし、考えも感情も行動も、周囲とちがわないようにしようと努める。誰もができるだけ他の人びとと密着していようと努めるが、それにもかかわらず誰もが孤独で、孤独を克服できないときにかならずやってくる不安定感・不安感・罪悪感におびえている。

現代文明は、人びとがそうした孤独に気づかないように、さまざまな鎮痛剤を提供する。第一に、制度化された機械的な仕事の、厳密に決められた手順。これがあるために、人びとは、自分のもっとも根本的な人間的欲求、すなわち超越と合一への憧れに気づかない。しかし、機械的な仕事だけでは孤独を克服できないので、娯楽までが画一化され、人びとは娯楽産業の提供する音や映像を受動的に消費している。さらには、次から次へと物を買いこみ、すぐにそれを他の物と交換したりして、孤独を紛らそうとする。

現代人は、オルダス・ハックスリーが『すばらしき新世界』〔ディストピアを描いたSF小説〕で描いているような人間像に近い。おいしい物をたっぷり食べ、きれいな服を着て、性的にも満ち足りているが、自分というものがなく、他人とも表面的な触れあいしかなく、ハックスリーが簡潔にまとめているようなスローガンに導かれて生きている——「個人が感情をもつと、社会が揺らぐ」「今日の楽しみを明日に延ばすな」、あるいは最高のスローガン、「昨今は誰もが幸福だ」。

現代人にとって、幸福とは「楽しい」ということだ。楽しいということは、なんでも「手に入り」、消費できることだ。商品、映像、料理、酒、タバコ、人間、講演、本、映画などを、人びとはかたっぱしから呑みこみ、消費する。世界は、私たちの消費欲をみたすための、大きな物体だ。大きなリンゴ、大きな酒瓶、大きな乳房だ。私たちはその乳房にしゃぶりつき、かぎりない期待を抱き、希望を失わず、それでいて永遠に失望している。いまや私たちの性格は、交換と消費に適応している。物質的なものだけでなく精神的なものまでもが、交換と消費の対象となっている。

必然的に、愛をめぐる状況も、そうした現代人の社会的性格に呼応している。ロボットは愛することができない。ロボットは「商品化された人格」を交換し、公平な売買を望む。愛の――とくにこのように疎外された構造をもつ結婚の――もっとも重要なあらわれのひとつが「チーム」という観念である。幸福な結婚に関する記事を読むとかならず、「結婚の理想は円滑に機能するチームだ」と書いてある。そうした発想は、滞《とどこお》りなく役目を果たす労働者という観念とたいしてちがわない。そうした労働者は「適度に自立」しており、協力的で、寛大だが、同時に野心にみち、積極的であるべきだとされる。同じように、結婚カウンセラーは言う——夫は妻を「理解」し、協力すべきだ。新しいドレスや料理をほめなくてはいけない。いっぽう、妻は、夫が疲れて不機嫌で帰宅したときには優しくいたわり、夫が仕事上のトラブルを打ち明けるときには心をこめて聞き、妻の誕生日を忘れても怒ったりせず、理解しようと努めるべきである、と。

こうした関係を続けていると、ふたりの間柄がぎくしゃくすることはないが、結局、ふたりは死ぬまで他人のままであり、けっして「中心と中心の関係」とはならず、相手の気分をよくするように努め、礼儀正しく接するだけの関係にとどまる。

愛と結婚に関するこうした考え方では、耐えがたい孤独感からの避難所を見つけることに、いちばんの力点が置かれている。私たちは「愛」のなかに、ようやく孤独からの避難所を見つけた、というわけだ。愛しあっている人は世界にたいして、ふたりからなる同盟を結成する。これは利己主義が二倍になったものにすぎないが、それが愛や親愛の情だと誤解されている。

チーム精神や相互の寛容さなどが強調されるようになったのは、じつは比較的最近のことである。第一次世界大戦後の数年間は、たがいの性的満足こそが満ち足りた愛情関係の——とくに幸福な結婚の——土台であるという考え方が流行した。結婚がしばしば不幸な結果に終わる原因は、夫婦が正しい「性的適応」をしなかったことであり、正しい性的適応をしなかった原因は、夫婦の片方あるいは双方が「正しい」性行動にまったく無知で、そのために誤ったセックスのテクニックに頼っていることである、と言われた。この誤りを「治療」し、不幸な夫婦を助けるためと称して、数多くの本が、正しい性行動に関する知識と助言を提供し、これで幸福と愛が生まれるだろうと――暗に、あるいは公然と――約束した。

こうした発想の底にあるのは、愛は性的快楽から生まれるものであり、ふたりの人間がたがいに相手を性的に満足させる術を身につけさえすれば、ふたりは自然に愛しあうようになる、という考え方だ。こうした考え方は、当時一般的だった幻想、つまり正しい技術を用いさえすれば、工業生産における技術的な問題だけでなく人間の問題すべてを解決できる、という思いこみと軌《き》を一《いつ》にしていた。自分たちが真理の逆を前提にしていることに、誰も気づかなかった。

愛がじゅうぶんな性的満足の結果なのではなく、性的満足が――いわゆるセックスのテクニックですら――愛の結果なのである。この説に関して、日常的に観察される事例だけでは足りないというなら、精神分析によって得られた豊富な資料を見てみればいい。もっとも頻繁に見られる性的障害、すなわち女性の不感症や男性の心理的不能《インポテンツ》の研究からあきらかなように、性的障害の原因は、正しいセックスのテクニックを知らないことにではなく、愛することをできなくするような感情的抵抗にある。性的障害の底には、異性にたいする恐怖や憎悪があり、そのために、完全に没頭する、自発的に行動する、直接的な肉体的接触の際にセックスのパートナーを信頼する、といったことができないのだ。性的に抑圧されている人が、恐怖や憎悪から解放され、それによって人を愛せるようになれば、性的な問題は解決する。そうでないかぎり、セックスのテクニックをいくらおぼえたところで、なんの役にも立たない。

精神分析治療によって得られた実例からあきらかなように、正しいセックスのテクニックを知れば性的満足も愛も得られるというのは誤りだ。この誤りの底にある、愛は性的満足の付属品だという仮定は、じつはフロイトの理論に大きく影響されている。フロイトに言わせれば、愛は本質的には性的な現象である。「人間は自分の経験から、性的な（性器的な）愛こそがもっとも強烈な満足感を与えてくれるものであることを知り、性的な愛こそがあらゆる幸福の原型だと確信し、その後も、性的関係に幸福を求め、性器を通じた愛を自分の人生の中心に据えるようになる[*39]」

友愛もまた、フロイトによれば性的欲望の結果である。ただしこの場合は性的本能が「目的を抑制された」衝動に変わっている。「目的を抑制された愛〔友愛〕もまた、本来は純粋に官能的な愛だったのであり、人間の無意識のなかではいまもなお官能的な愛である」[*40]

神秘的体験の本質であり、ひとりまたは複数の他人とのもっとも強烈な一体感の根底にある、融合感覚とか一体感（「大洋感情」）についてはどうかというと、フロイトはこれを、病的な現象、幼児期の「無限のナルシシズム」状態への退行と解釈している。[*41]

これをさらに一歩すすめれば、フロイトにとっては、愛そのものが不合理な現象なのだ。フロイトにとって、不合理な愛と、成熟した人格の表現としての愛とのあいだにちがいはない。彼は転移性恋愛に関する論文[*42]のなかで、転移性恋愛は本質的に「正常な」愛の現象とちがわないと述べている。フロイトによれば、恋に落ちるという現象はつねに異常すれすれであり、かならず現実が見えなくなり、強迫的であり、幼児期の愛の対象の転移である。合理的現象としての愛、成熟の最高の達成としての愛は、フロイトにとっては研究対象にはならない。なぜなら、フロイトにとって、そのようなものは現実には存在しないからだ。

ただし、愛は性的に惹きつけあうことの結果である、とか、愛は性的満足と同じものであり、それが意識に投影されたものだ、といった考え方がすべてフロイト思想の影響だと考えてはいけない。じつは因果関係は逆で、フロイトの思想は一九世紀精神の影響を受けており、また、フロイトの思想が流行したのも第一次世界大戦後の時代精神のせいである。

愛とは性的満足のことだというフロイトの理論は、一般に広く流行した考え方でもあったわけだが、この考え方に影響を与えたのは、第一に、ヴィクトリア時代の厳格な性道徳にたいする反動である。

フロイトの理論を決定づけている第二の要因は、広く浸透している、資本主義の構造にもとづいた人間観のなかにある。資本主義が人間の自然な欲求に応えるものであることを証明するには、人間が本来競争心が強く、他の人間にたいする敵意にあふれていることを示す必要があった。経済学者はこれを経済的利益にたいする飽くなき欲望によって「証明」し、ダーウィン主義者は適者生存《てきしゃせいぞん》という生物学的法則によって「証明」した。フロイトもまた、次のような仮説を立てて「証明」した。すなわち、男はすべての女を性的に征服したいという欲望によって衝《つ》き動《うご》かされており、欲望のままに行動しないのは社会の圧力によって抑えられているからにすぎない。したがって男はたがいに嫉妬しあい、たとえ社会的・経済的には嫉妬する原因がなくなったとしても、嫉妬と競争心はなくならない、と。[*43]

最後に、フロイトの思想は一九世紀的な唯物論の影響を大きく受けている。一九世紀的唯物論にしたがえば、あらゆる心理現象の原因は生理現象のなかにある。そこでフロイトは、愛、憎しみ、野心、嫉妬などはすべて性的本能がさまざまな形をとってあらわれたものだと説明したのである。フロイトは以下のことを見落としていた。基本的な真理は人間の生の全体性のなかにある。すなわち第一に、すべての人間が等しくおかれている状況のなかにあり、第二に、特定の社会構造によって決定される生き方のなかにある（この種の唯物論から決定的な一歩を踏み出したのがマルクスの「史的唯物論」である。史的唯物論では、人間を理解する鍵となるのは、肉体でも、食欲とか所有欲といった本能的なものでもなく、人間の生の営み全体、「生活の実践」である）。

フロイトの言うとおりならば、あらゆる本能的な欲望が抑制されることなくじゅうぶんにみたされれば、精神的な健康と幸福が得られるはずだ。ところが臨床上の事例がはっきりと示しているように、男であれ女であれ、飽くことのない性的満足に人生を捧げる人は幸福にはなれない。それどころか、神経症的な葛藤に陥《おちい》ったり、神経症の症状を呈したりすることすらある。あらゆる本能的欲求を完全にみたすことは、幸福の基盤でないばかりか、正気をも失わせかねないのである。

にもかかわらず、フロイトの思想が第一次世界大戦後にあれほど流行したのは、資本主義の精神に変化が生じたためである。すなわち節約から消費へと重点が移行し、経済的成功のためには忍耐が必要だという考えにかわって、消費こそが拡大しつづける市場を支え、不安を抱えるロボット化した人間に大きな満足を与えるものだ、という考え方が生まれた。物質的消費だけでなく、セックスにおいても欲望の充足を先に延ばさないという考え方が主流になった。

フロイトの思想は、二〇世紀の初頭にはまだ無傷のまま残っていた資本主義の精神と一致しているが、そのフロイトの思想を、現代のもっとも傑出した精神分析家のひとり、故H・S・サリヴァンの理論と比較してみると面白い。サリヴァンの精神分析学体系では、フロイトとは対照的に、性と愛とが厳密に区別されている。

サリヴァンの思想において、愛や親愛の情はどのような意味をもっているのだろうか。「親愛の情とは、ふたりの人間が参加し、人間的価値のあらゆる構成要素が認められるような状態のことである。人間的価値を認めるためには、私が協力体制と呼ぶある種の関係が必要である。ふたりの満足はしだいに同じものに、つまり共通のものになっていく。ふたりの安全策もたがいに似てくる。その満足を追求し、安全策を保持するために、相手が表明する欲求にたいして、自分の行動を明確な形で適応させること、それが私のいう協力体制である」[*44]。いささか難解な言い回しだが、サリヴァンの言いたいのは要するに、愛の本質は協力体制という状態のなかに見られるということである。協力体制においては、ふたりは「私たちは自分たちの威信と優越感と利益を守るための規則にのっとってゲームをしているのだ」と感じる。[*45]

フロイトの愛の概念は、父権的な男性の経験を一九世紀的資本主義の観点から述べたものだ。それと同じように、サリヴァンによる愛の説明は、二〇世紀の、疎外されて商品化された人間の経験を語っている。彼が語っているのは「二倍になった利己主義」、つまり、ふたりに共通する利益を貯え、人間を疎外する敵意にみちた世界に対抗して結束しているふたりのことである。考えてみると、サリヴァンが定義しているような親愛の情は、メンバーが協力しあっているチームにはかならず見られるものだ。なぜならそうしたチームにおいては、メンバー一人ひとりが「共通の目的を追求するために、自分の行動を、相手が表明する欲求に合わせる」ものだからである（ここでサリヴァンが、相手が表明する欲求と言っていることに注目しよう。なぜなら愛について最低限言えることは、愛があれば当然ながら相手が表明しない欲求にも応じるということだから）。

たがいの性的満足としての愛と、「チームワーク」としての愛（あるいは孤独からの避難所としての愛）は、どちらも現代西洋社会における崩壊した愛、すなわち現代社会の特徴である病んだ愛の「正常な」姿である。病んだ愛がどんな形をとるかは人によってちがうが、結局は苦しみをもたらす。しかもその苦しみは、精神科医から見ると、いや素人の目から見ても、神経症的である。そのなかでもとりわけよく見られる例について、簡単に述べよう。

神経症的な愛を生む基本的条件は、「恋人たち」の一方あるいは両方が、親のイメージへの愛着を捨てきれず、かつて父あるいは母に向けていた感情・期待・恐れを、大人になってから、愛する人に転移することである。そういう人は幼児的な関係から抜け出せず、大人になっても、愛のなかに幼児的な関係を求める。そうした症状を呈する人は、知的・社会的には年齢相応のレベルに達しているが、情緒面では二歳か五歳か、あるいは一二歳のままである。重症になると、そうした情緒面での未発達のせいで、社会生活にも支障をきたす。比較的軽症なら、葛藤が生じるのは親密な人間関係に限られる。

先に論じた、母親中心的な人格と父親中心的な人格に関連するが、今日頻繁に見受けられるこの種の神経症的な愛情関係の例として、以下に取りあげるのは、情緒的発達の面で母親への幼児的愛着から抜け出していない男たちである。彼らは母親から、いわば乳離れしていない。いまだに子どものような気分でいて、母親の保護・愛情・温もり・気づかい・賞賛を求めている。母親の無条件の愛を欲している。つまり自分がそれを必要としているから、自分は母親の子どもだから、自分は無力だから、というそれだけの理由で、無条件に与えられる愛を欲しがる。

このタイプの男たちは、女性の気を惹こうとするときにはとても優しく魅力的になり、うまく女性の気を惹くことができた後でも、その態度は変わらない。しかし彼らの女性にたいする関係は（じつは他のすべての人にたいする関係も同じなのだが）、いつまでたっても表面的で無責任である。彼らの目的は愛されることであって、愛することではない。ふつうこのタイプの男性には、かなりの虚栄心と、多かれ少なかれ内に隠された、誇大妄想の傾向がある。このタイプの男性は、自分にぴったりの女性を見つけると安心し、有頂天になり、優しさと魅力を惜しげもなく振りまくことができる。この手の男性がしばしば女性から誤解されるのはそのためである。

ところが、しばらくして、女性が彼らのまるで夢想のような期待に沿って生きるのをやめると、葛藤と憤懣《ふんまん》が頭をもたげる。女性がつねに彼のことを賞賛しなかったり、自分の生活を大事にしたいと主張したり、私だって愛され保護されたいと言い出したり、極端な場合には、男の浮気を大目にみなかったりすると（もっと極端な場合には、浮気相手をほめなかったりすると）、男は深く傷つき、失望し、ふつうは「あいつはおれのことを愛していない。わがままで、高圧的だ」と考えて、自分の感情を正当化する。女性の愛に、愛情深い母親が可愛い子どもに見せる態度と比べて、ちょっとでも欠けているところがあると、愛情が足りない証拠だと受けとる。こういうタイプの男性は、自分の優しい行動や、相手に気に入られたいという願望を、本物の愛と混同しているので、ひどく不当に扱われているという結論をくだす。自分のことを最高に愛情豊かだと思いこんでいるので、相手を「恩知らず」だと激しくなじる。

ごくまれには、そういう母親中心型の人がほとんど支障なく社会生活を送れることもある。母親から過保護に（つまり支配的ではあるが、破壊的にではなく）「愛された」場合とか、自分の母親のような母性的な女性を妻にもった場合とか、（成功した政治家によく見られるように）特別な才能や能力のおかげで魅力があり、人びとから賞賛されている場合には、人間としてそれ以上成熟しないにもかかわらず、社会的な意味では「うまく適応」する。だが好条件がそろわない場合は（当然、そのほうが多いわけだが）、彼の愛情生活は——社会生活までもとは言わないが——ひどく期待はずれのものになる。このタイプの男性が独りぼっちにされると、葛藤や、強い不安感や、抑鬱が生じる。

もっと深刻なケースでは、母親への病的執着が、より強く、不合理なものになる。比喩的に言えば、このレベルになると、母親への愛着が、赤ん坊に戻って母親の腕に抱かれたいとか、おっぱいを吸いたいとかいう段階を通り越して、すべてを受け入れてくれる——そしてすべてを破壊する——母胎のなかに戻りたいという願望になる。母胎から外界へと生まれ出ることが健全さの特徴だとしたら、深刻な精神障害の特徴は、母胎に憧れ、そこに引きこまれること、つまりは人生の舞台から降りることである。

ふつう、この種の病的執着は、子どもを呑みこもうとする破壊的な母親をもった場合に起きる。そういう母親は、ときには愛の名において、ときには義務の名において、いつまでも子どもを自分のなかに閉じこめておこうとする。そういう母親をもった息子は、母を通じてしか息をすることができず、うわべだけの性的関係は別として、母以外の女性を愛することができず、女性たちをひたすら軽蔑する。そういう男は、自由になることも、独立することもできず、いつまでも未熟なままで、時には犯罪を起こすこともある。

母親のこの側面、つまり子どもを呑みこもうとする破壊的な側面は、母親像の否定的な側面である。母親は生命を与えることができるが、奪うこともできる。生き返らせることも、破滅させることもできる。愛の奇跡を起こすこともできるが、他の誰よりも子どもを傷つけることもできる。(ヒンドゥー教の女神カーリーのような)宗教的イメージや、夢に出てくる象徴には、しばしば母親の二面性が見られる。

父親に愛着しつづける場合には、またちがった神経症の症状が見られる。典型的な例は、母親が冷淡でよそよそしく、いっぽう父親が(妻が冷たいせいもあって)自分の愛情と関心をすべて息子に注いだ場合である。そういう父親はいわゆる「よいお父さん」だが、同時に権威主義的でもある。息子の行為が気に入れば息子をほめ、褒美をやり、可愛がるが、息子に失望すると、とたんに冷たくなったり、叱ったりする。そういう父親をもった息子は、父親しか愛情を注いでくれる人がいないので、まるで奴隷のように父親にまとわりつく。父親を喜ばせることが人生の目的になる。それがうまくいけば、幸福感と安心感と満足感をおぼえるが、まちがえたり、何か失敗したりして、父親の機嫌を損ねると、意気消沈し、自分は愛されていないのだと感じ、捨てられたように感じる。そういう子どもは、大人になってから、父親と同じように慕《した》うことのできる人物を探す。彼の人生は、父親の賞賛を得られるかどうかによって、上がったり下がったりする。

この種の人間は、しばしば社会的に成功をおさめる。誠実で、信頼でき、何事にも熱心だからだ。ただしそれは、彼らが父親の代わりとして選んだ人物が、彼らの扱い方を心得ていればの話である。女性にたいしては心を開かず、いつまでもよそよそしい。彼らにとって、女性はあまり重要な意味をもっていないのだ。たいていはひそかに女性を軽蔑していて、その軽蔑が、幼い娘への父親の気づかいという仮面をかぶっていることもある。彼らは男性的なので、最初は女性に好印象を与えるかもしれない。だがそういう男性の妻になった女性は、やがて、夫にとっては父親や父親的人物にたいする愛情が第一であって、妻である自分は結局は脇役なのだということに気づかされ、しだいに失望することになる。ただし、たまたま妻も自分の父親に愛着している場合は別だ。そういう妻は、自分を気まぐれな子どものように扱ってくれる夫に満足する。

またこれとは別のタイプの親をもった子どもの場合、愛における神経症的な障害がさらに複雑になる。別のタイプの親とは、愛しあっていないにもかかわらず、自制心が強いために、喧嘩《けんか》したり、不満を表にあらわしたりはしない両親の場合である。たがいによそよそしいために、子どもにたいする態度もぎこちない。子どもから見ると、家庭内の雰囲気は「きちんとしている」が、父とも母とも心から触れあうことができないので、子どもは当惑と不安に悩まされる。両親が何を考え、どんなふうに感じているのか、子どもには見当がつかない。そのために、家庭内にはたえず謎めいた雰囲気がただよっている。その結果、子どもは自分の殻に閉じこもり、白昼夢にふけるようになり、その後の愛情関係においてもそうした態度を保ちつづける。

しかも、自分の殻に閉じこもってしまうために、しっかりと地に足がついていないような不安感がつのり、激しい興奮を得るための唯一の道として、マゾヒズム傾向が強まることもある。女性の場合はしばしば、分別のある物わかりのよい夫よりも、わめきちらしたり怒鳴ったりする夫のほうを好む。なぜなら、そういう夫は、少なくとも彼女たちの緊張と不安の重荷を取り去ってくれるからだ。愛されているのかいないのか、よくわからないという宙ぶらりんの苦しい状態から抜け出すために、無意識のうちに夫を挑発することも珍しくない。

不合理な愛にはまだ他にもさまざまな形がある。それについて以下に述べよう。ただし、それらの根底にある、幼児期の発達においてどのような特殊な要因が働いていたのか、という分析には立ち入らないことにする。

偽りの愛の一種で、よく見られるのが偶像崇拝的な愛である。これはよく映画や小説などで「大恋愛」として描かれる。ある人が、自分の能力の生産的な使用に根ざした、しっかりとした自意識をもつにいたらなかった場合、愛する人を「偶像化」しがちである。そういう人は自分の能力から疎外され、自分の能力を愛する人に投影する。そのため、愛された人は「至高善」として、つまりすべての愛と光と幸福をもった者として、崇拝される。愛する側はまったく無力になり、恋人のなかに自分自身を見出すどころか、自分を見失ってしまう。愛される側はふつう、いつまでも自分を偶像のように崇拝する人の期待どおりに生きることはできないから、愛する側はかならずや失望することになる。そしてそこから立ち直るために、新たな偶像を探す。ときにはそれが何度も繰り返される。

こうした偶像崇拝的な愛の特徴は、出会いの瞬間に突然、激しい恋に落ちることだ。先にも述べたように、この偶像崇拝的な愛はしばしば真の愛、大恋愛として描かれる。それだけ強烈で深いと考えられているからだが、そのように見えるのは、崇拝者の渇望と絶望が深刻だからである。もちろん、ふたりがたがいに相手を偶像として崇拝することもよくある。「二人精神病《フォリー・ア・ドゥ》」〔精神障害者と親しく接している人が類似の症状を呈するようになる病気〕という極端な例もある。

偽りの愛のなかには、「感傷的な愛」とでも呼びうるものもある。この愛の特徴は、愛が、現実の他人との関係において経験されるのではなく、もっぱら空想のなかで経験されることだ。映画や小説やラブソングの愛好者たちが経験する「身代わりの愛の満足感」は、このタイプの愛のもっとも一般的な形だ。そうした娯楽作品をむさぼることで、愛や合一や親密さへの欲求がみたされるのだ。夫婦のあいだの壁をどうしても打ち破ることのできない男女が、スクリーンの上で演じられる幸福な、あるいは不幸なラブストーリーに感情移入し、感動して涙を流す。恋愛映画を観ることが愛を経験する唯一の機会だという夫婦も少なくない。もちろん、おたがいの愛を経験するわけではなく、ふたりいっしょに他人の「愛」をながめることで、愛を経験するのだ。そういう夫婦は、空想上の愛には簡単に感情移入できるのに、生身の人間どうしとなると冷え切った関係になってしまう。

感傷的な愛のもうひとつの面は、愛の時間軸を勝手に変えてしまうことである。夫婦が、実際には愛など経験しなかったのに、自分たちの過去の愛の思い出に涙したり、将来の愛を想って感動したりすることもある。婚約者たちや新婚ほやほやのカップルが、実際にはたがいに飽きはじめているのに、将来きっと最高の愛の瞬間が訪れるにちがいないと夢みていることもある。この傾向は、現代人に広く見られる特徴的な態度と一致している。現代人は過去か未来に生き、現在を生きていない。感傷的に幼年時代や母親を思い出したり、将来の幸福なプランを胸に描いたりしている。他人が創作した物語にひたって身代わりの愛を経験するとか、愛を現在から過去あるいは未来に遠ざけるといった、この抽象化され疎外された愛の形が、現実の苦しさや孤独感をやわらげる麻薬のはたらきをしている。

投射のメカニズムによって、自分自身の問題を避け、その代わりに「愛する」人の欠点や弱点に関心を注ぐという態度も、神経症的な愛のひとつの形である。この場合、個人が、あたかも集団や民族や宗教のようにふるまう。この手の人間は、他人のどんな些細な欠点もめざとく見つけ、他人を非難し、矯正《きょうせい》することに忙しく、自分の欠点にはまったく気づかずに平然としている。よくあることだが、ふたりがともにこういうタイプの人間だと、愛情関係が相互投射《とうしゃ》の関係に変わってしまう。自分が支配的だったり、優柔不断だったり、欲張りだったりしても、それを全部相手にかぶせて非難し、人によっては、相手を矯正しようとしたり、罰したりする。相手もまた同じことをするので、ふたりとも自分の問題に気づかないまま、自分自身の成長にとって役に立ちそうなことは何もしようとしなくなる。

さまざまな投射があるが、自分の問題を子どもに投射するというのもある。まず、この投射が、子どもへの期待という形であらわれることがよくある。その場合、子どもにどういう期待をするかは、自分の人生の問題をどう子どもの人生に投射するかによって決まる。自分の人生に意味を見出せない人は代わりに子どもの人生に意味を見出そうとする。だがそれでは自分の人生にも失敗するし、それだけでなく、子どもにも誤った人生を送らせることになる。なぜ自分の人生に失敗するかといえば、それは、いかに生きるかという問題は本人によってしか解決できず、身代わりを使うわけにはいかないからだ。どうして子どもにも誤った人生を送らせるかといえば、そういう人は、子どもが自分で答えを見出そうとしたときに導いてやれるだけの資質に欠けるからだ。

不幸な結婚に終止符を打つべきではないかという問題が生じたときも、子どもが投射の目的に使われる。そういう状況にある夫婦はよく、子どもから一家団欒《だんらん》の幸せを奪ってはならないから離婚するわけにはいかない、と言う。しかし、詳しく調べてみればすぐわかるように、「一家団欒」のなかにただよう緊張と不幸の空気のほうが、きっぱり離婚するよりもずっと子どもに悪影響をおよぼす。少なくとも親が離婚すれば、子どもたちは、勇気をもって決断すれば耐えがたい状況にも終止符が打てる、ということを身をもって学ぶ。

ここで、しばしば見受けられるもうひとつの誤りについて述べておく必要があろう。すなわち、愛があれば対立は絶対に起こらない、という幻想である。人はふつう、苦しみや悲しみはどんなことをしても避けるべきだと信じているが、ちょうどそれと同じように、愛があれば対立は起きないと信じている。どうしてそう思うのかといえば、身のまわりで見かける対立がすべて、どちらの側にもよい結果をもたらさない破滅的な関わりにしか見えないからだ。なぜ双方に好ましくない結果しかもたらさないかといえば、ほとんどの人の「対立」が、じつは真の対立を避けようとする企てにすぎないからである。もともと解決などありえないような、些細な表面的なことがらで仲違《なかたが》いしているにすぎないのだ。ふたりの人間のあいだに起きる真の対立、すなわち何かを隠蔽《いんぺい》したり投射したりするものではなく、内的現実の奥底で体験されるような対立は、けっして破滅的ではない。そういう対立はかならずや解決し、カタルシスをもたらし、それによって、ふたりはより豊かな知と能力を得る。

ここで、先に述べたことをもう一度強調しておく必要がある。ふたりの人間が自分たちの存在の中心と中心で意志を通じあうとき、すなわち、それぞれが自分の存在の中心において自分自身を経験するとき、はじめて愛が生まれる。この「中心における経験」のなかにしか、人間の現実はない。人間の生はそこにしかない。したがって愛の基盤もそこにしかない。そうした経験にもとづく愛は、たえまない挑戦である。それは安らぎの場ではなく、活動であり、成長であり、共同作業である。調和があるか対立があるか、喜びがあるか悲しみがあるかといったことは、根本的な事実に比べたら取るに足らない問題だ。根本的な事実とはすなわち、ふたりの人間がそれぞれの存在の本質において自分自身を経験し、自分自身から逃避するのではなく、自分自身と一体化することによって、相手と一体化するということである。愛があることを証明するものはただひとつ、すなわちふたりの結びつきの深さ、それぞれの生命力と強さである。これが実ったところにのみ、愛が生まれる。

ロボットはたがいに愛しあうことができない。同様に、ロボットは神を愛することもできない。人間どうしの愛の崩壊と歩調を合わせて、神への愛の崩壊も進行している。この事実は、最近また宗教が復活しているという主張と、まっこうから対立する。宗教が復活しているというのは真っ赤な嘘だ。もちろん例外はあるが、いまや宗教は偶像崇拝へと退行し、神への愛は、現代人の疎外された性格構造に見あった関係へと変質している。偶像崇拝への退行は容易に見てとれる。人びとは原理や信仰を失って、不安におびえ、前進する以外になんの目標もない。だから人びとは、いつまでも子どものままでいて、助けが必要なときには父か母が助けに来てくれるのではないかと期待している。

たしかに、中世のような宗教的な時代にも、一般大衆は父や母を見るような目で神を見ていたが、中世の人は神を真剣に考えてもいた。つまり、人生の最終目標は神の掟にしたがって生きることであり、「救済」こそが究極の関心事だったから、すべての活動はそれに捧げられた。ところが現代では、そのような努力をする人はどこにもいない。日常生活は、宗教的な価値からはきっぱりと切り離され、物質的安楽と、人間の市場での成功への努力に捧げられている。私たちの世俗的な努力の土台となっている原理は、無関心と自己中心主義である（後者はしばしば「個人主義」とか「個人の自発性」と呼ばれている）。真の意味で宗教的な社会に生きる人は、八歳くらいの子どもにたとえることができよう。すなわち、まだ父親の助けを必要としているが、同時に、父の教えや主義を自分の生活に取り入れはじめてもいる。それにたいして、現代人はむしろ三歳児に近い。助けが必要になると、泣いて父親を呼ぶが、そうでないときはひとりで満足している。

人間の姿をした神にたいして、現代人は子どものようにべったりと依存するいっぽう、自分の生活を神の掟にしたがわせようとはしない。その点で、現代は、中世の宗教的な社会よりも、偶像を崇拝する原始社会に近い。だが別の点では、現代の宗教の状況には、現代の西洋資本主義社会にしか見られないような、新しい特徴が見られる。すなわち、先に述べたように、現代人は自分を商品化してしまった。自分が生命力を使うことを投資とみなし、自分の地位や人間の市場の状況を考慮しながら、その投資によって最大限の利益をあげようと必死になっている。現代人は自分からも、仲間からも、自然からも、疎外されている。現代人の最大の目標は、自分の技能や知力を、そして自分自身を、つまり「人格のパッケージ」を、できるだけ高い値段で売ることである。相手もまた、公平で有利な交換をしようと血眼《ちまなこ》になっている。人生にはもはや、前進する以外に目標はなく、公平な交換の原理以外に原理はなく、消費以外に満足はない。

こうした状況にあって、神の概念はどのような意味をもちうるだろうか。それはもとの宗教的な意味から、成功のみを追いかける疎外された社会にふさわしいものに変わってしまった。最近の宗教復興では、神への信仰は、より生存競争に適した人間になるための心理的な仕掛けになってしまっている。

現代の宗教は、自己暗示や精神療法と組んで、ビジネスの面で人間を助ける。一九二〇年代にはまだ、「人格を向上させる」目的で神に祈ったりはしなかった。一九三八年のベストセラー、デイル・カーネギーの『人を動かす』は、あきらかに世俗的なレベルにとどまっていた。当時カーネギーの著書が果たした役割を、今日ではN・V・ピール師〔ポジティヴ・シンキングで知られる〕の超ベストセラー『積極的考え方の力』が果たしている。この宗教的な本では、成功ばかりをめざすことがはたして一神教の精神と一致するのかということは、問題にすらなっていない。それどころか、成功という至上の目的はまったく疑われず、神への信仰や祈りは、成功のための能力を高めるためのものとして推奨されている。

　現代の精神科医は、顧客に受けるにはまず従業員が幸福でなくてはいけないと助言する。同様に、社会的に成功をおさめるための手段として神への信仰を勧める聖職者もいる。現代において「神とともに歩みなさい」という言葉が意味するのは、愛と正義と真理において神とひとつになりなさいということではなく、神をビジネス・パートナーにしなさいということだ。友愛が非人間的な公平さに取って代わられたように、神は、いわば世界株式会社の代表取締役に変えられてしまった。あなたは社長がそこにいることや、社長のおかげで会社が動いていることを知っている（たぶん、いなくとも会社は動くだろうが）。直接その社長の顔を見ることはできないが、あなたが「自分に与えられた仕事」をしているあいだも、背後に社長の統率力を感じている。神はそういうものになってしまった。

第四章　愛の習練

私たちはこれまで、「愛の技術」の理論的側面について論じてきたが、ここで、それよりもはるかにむずかしい問題、すなわち愛の技術の習練という問題に立ち向かうことにする。何かの技術的習練について学ぼうというとき、じっさいに習練を積むこと以外に方法があるだろうか。

今日、たいていの人は——したがって本書の読者の多くは——「あなた自身はどうしたらよいか」をしるした処方箋をもらうことを期待している。私たちが論じている問題でいえば、「どうしたら人を愛せるか」を教えてもらうことを期待している。その期待のせいで、愛の習練に取り組むことがよけいにむずかしくなっている。そういう期待を抱いてこの最終章にのぞむ人は、きっとひどく失望することだろう。

愛することは個人的な経験であり、自分で経験する以外にそれを経験する方法はない。実際、ほとんどの人は愛を、少なくとも不完全な形でなら、子どものとき、思春期に、あるいは大人になってから、経験したことがあるはずだ。

愛の習練について論じるにあたって、私にできることは、愛の技術の前提条件について、つまり愛の技術へのいわばアプローチ方法について、そしてその前提条件とアプローチの習練について述べることだけである。目標への階段は自分の足で上っていかねばならない。決定的な一歩を踏み出すところで、習練の解説は終わる。とはいえ、さまざまなアプローチについて論じることは、技術の習得の助けになるにちがいない。少なくとも「処方箋」を期待することをやめた人にとっては。

どんな技術であれ、その習練を積むためにはいくつか必要なことがある。それは、大工の技術であろうと、医術であろうと、愛の技術であろうと、まったく同じである。

まず、技術の習練には規律が必要である。規律正しくやらなければ、どんなことでも絶対に上達しない。「気分が乗っている」ときにだけやるのでは、楽しい趣味にはなるかもしれないが、そんなやり方では絶対にその技術を習得することはできない。ただし、ここでいう規律の問題には、毎日決まった時間練習するといった、特定の技術の習練における規律だけではなく、生活全般における規律も含まれる。

現代人にとっては規律を身につけるなんて朝飯前だ、と言われるかもしれない。見てごらんなさい、現代人は規律正しく毎日八時間、きっちり決められた仕事に従事しているではないか、と。だが実際には、現代人はひとたび仕事を離れると、ほとんど自制心を失い、だらだらと怠けたいと思っている。もっと聞こえのいい言葉を使えば、「リラックス」したいと願っている。怠けていたいというこの願望は、きっちりと決められた仕事にたいする反動である。毎日八時間、自分のではない目標のために、自分の意志ではなく仕事の進行に応じたやり方で、エネルギーを費やすことを強いられているために、彼は反逆する。その反逆は、自分を甘やかすという子どもっぽい形をとる。

それだけではなく、現代人はこれまで権威主義と闘ってきたので、ありとあらゆる規律にたいして不信の念を抱いている。道理にかなわない権威によって押しつけられた規律だけでなく、自分で自分に課す理にかなった規律にたいしてすら、不信感を抱いている。しかし、規律がなかったら、人生はばらばらになって混沌としてしまい、何事にも集中できなくなる。

第二に、集中。これが技術の習得にとって必要条件であることは、ほとんど証明不要だろう。一度でも何かの技術を学ぼうとしたことのある人なら、知っているはずだ。ところが現代社会では、集中は規律以上にまれにしか見られない。それどころか現代社会は、他のどんな時代にも見られないような、まとまりを欠いた散漫な生活を助長している。誰もが一度にたくさんのことをしている。本を読み、ラジオを聴き、おしゃべりをし、タバコを吸い、食事をし、酒を飲む。誰もが大きな口を開けて、絵だろうと、酒だろうと、知識だろうと、なんでもかんでも必死に呑みこもうとしている。この集中の欠如をいちばんよく示しているのが、ひとりでいられないという事実だ。ほとんどの人が、おしゃべりもせず、タバコも吸わず、本も読まず、酒も飲まずに、じっとすわっていることができない。じっとしていると、そわそわと落ち着かなくなり、口や手で何かせずにいられなくなる（喫煙は口と手と目と鼻を使うが、これは集中の欠如のひとつの症状である）。

第三は、忍耐である。何かを達成するために忍耐が必要だということは、やはり、一度でも何かの技術を習得しようとしたことのある人なら知っているはずだ。性急に結果を求める人は絶対に技術を身につけることはできない。

しかし現代人にとって、忍耐は、規律や集中力と同じくらい、体得するのがむずかしい。現代の産業システム全体が、忍耐とは正反対のもの、すなわち速さを求めているからだ。すべての機械は速さを最優先して設計されている。自動車や飛行機は、私たちをすばやく目的地まで連れて行ってくれる。しかも、速ければ速いほどよいとみなされる。同じ量の製品を半分の時間で生産できる機械は、古くて遅い機械よりも二倍よいとされる。もちろんこれには重要な経済的理由がある。しかし問題は、他の多くの面と同じく、人間の価値もまたますます経済的価値によって決定されるようになっているということだ。機械にとってよいことは人間にとってもよいはずだ、という理屈だ。現代人は、なんでもすばやくやらないと、何かを——時間を——無駄にしているような気になる。ところが、そうやって稼いだ時間で何をしたらよいかわからず、ただ暇をつぶすことしかできない。

　最後にもうひとつ、技術の習得に最大限の関心を抱くことも、技術を身につけるための必要条件のひとつである。もし自分にとってもっとも重要なものでないとしたら、技術を身につけようとしても、絶対に身につかないだろう。せいぜい良質の趣味人《ディレッタント》になれるくらいで、達人にはなれない。この条件は、他の技術と同じく、愛の技術にとっても必要だが、愛の技術においては、達人と趣味人とを比べてみると、他の技術の場合よりも趣味人の比率が高いように思われる。

技術の習得のための一般的条件に関して、もうひとつ重要なことを付け加えておかねばならない。私たちは、いわば直接的にではなく間接的に、ある技術の習得に取りかかる。誰でも、その技術そのものを学ぶ前に、他の、しばしば関連がないように見えることを、あれこれ学ばなければならない。大工の見習いはまず木を平らに削るこつを学ぶ。ピアノを習う生徒は音階《スケール》の練習からはじめる。弓道を習うものはまず呼吸法を習う。*46 どんな技術であれ、それに熟達したかったら、自分の全生活をそれに捧げなければならない。少なくとも生活全体を技術の習練と関連づけなければならない。自分自身が、技術の習練に用いられる道具にならなくてはならない。その道具がどのような用途に使われるかに応じて、その道具を、いつでも使える状態にしておかなくてはならない。愛するという技術に熟達したいと思ったら、まず、生活のあらゆる場面において、規律、集中、忍耐の習練を積まなければならない。

どうしたら規律を身につけることができるのか。

祖父母たちならば、私たちよりもずっとたやすく、この質問に答えることができただろう。朝早く起き、不必要な贅沢にふけることなく、一生懸命働く、というのが彼らの世代のモットーだった。しかしこの種の規律にはあきらかに欠点がある。つまり厳格で、権威主義的で、倹約と質素という美徳にばかり重点をおき、多くの点で、人生の喜びにたいして否定的である。

現代人は、この種の規律にたいする反発から、あらゆる規律にたいして懐疑的になり、その結果、誰もが、仕事以外の時間は規律のないだらだらとした怠惰な生活をして、毎日八時間強制されている決まりきった生き方とのバランスをとろうとしている。毎朝決まった時間に起き、瞑想するとか、読書するとか、音楽を聴くとか、散歩するといった活動に一定の時間を割《さ》き、推理小説を読むとか、映画を観るといった現実逃避的な活動には最低限しかふけらず、暴飲暴食はしない。こういったことは誰にでもわかる基本的なルールだろう。

しかし、重要なのは、外から押しつけられた規則か何かのように規律の習練を積むのではなく、規律が自分の意志の表現となり、楽しいと感じられ、ある特定の行動に少しずつ慣れていき、ついにはそれをやめると物足りなく感じられるようになることだ。西洋における規律の概念の不幸な側面のひとつは、他の美徳と同じく、規律の習練も何かつらいことのように思われ、しかもつらいことだけが「よい」と考えられていることだ。東洋では昔から、人間にとって肉体的にも精神的にもよいことは、最初は多少の抵抗を克服しなければならないとしても最終的には快いものでなければならない、と考えられていた。

次に集中の習練だが、現代では、これを身につけることは規律よりもはるかにむずかしい。何しろ現代社会では、誰もが集中に逆らって生きているように見える。集中力の習得においていちばん重要なステップは、本も読まず、ラジオも聴かず、タバコも吸わず、酒も飲まずに、ひとりでじっとしていられるようになることだ。実際、集中できるということは、ひとりきりでいられるということであり、ひとりでいられるようになることは、人を愛せるようになるための必須条件のひとつである。もし自分の足で立てないという理由で他人にしがみつくとしたら、その相手は命の恩人にはなりうるかもしれないが、ふたりの関係は愛の関係ではない。逆説的ではあるが、ひとりでいられる能力こそ、愛する能力の前提条件なのだ。

ひとりでいる努力をしてみれば、それがいかにむずかしいかがわかるはずだ。ひとりでいると、そわそわと落ち着かなくなり、かなりの不安をおぼえさえする。こんなことをしてもなんの価値もない、ばかげている、時間をとられすぎる、などという理屈をこねては、この習練を続けたくないという自分の気持ちを正当化しようとする。

また、ひとりでいると、じきに、ありとあらゆる想念が頭に浮かんできて、すっかりそれに気をとられてしまう。その日の予定についてあれこれ考えたり、やらなくてはならない仕事の問題について考えたり、今晩はどこに出かけようかと考えたり、頭のなかを空っぽにするどころか、頭をいっぱいにするようなことを片《かた》っ端《ぱし》から考える。

いくつかのごく簡単な練習をしてみるといいだろう。たとえば、（だらしなくすわるのでもなく、体をこわばらせるのでもなく）リラックスして椅子にすわり、目を閉じ、目の前に白いスクリーンを思い浮かべ、邪魔してくる映像や想念をすべて追い払って、自然に呼吸をする。呼吸について考えるのでもなく、無理に呼吸を整えるのでもなく、ただ自然に呼吸をする。そうすることによって、呼吸が感じられるようにする。そこからさらに「私」を感じとれるように努力する。私の力の中心であり、私の世界の創造者である私自身を感じとるのだ。少なくともこうした練習を、毎朝二〇分ずつ（できればもっと長く）、そして毎晩寝る前にも続けるとよい。*47

そうした練習に加えて、何をするときにも精神を集中させるよう心がけなければいけない。音楽を聴くときも、本を読むときも、人とおしゃべりするときも、景色をながめるときも。そのとき自分がやっていることだけが重要なのであり、それに全身で没頭しなければいけない。精神を集中してさえいれば、何をしているかは重要ではない。大事なことも、大事でないことも、あなたの関心を一手に引き受けるため、これまでとまったくちがって見えてくるはずだ。

集中力を身につけるには、くだらない会話、つまりほんとうの会話ではない会話をできるだけ避けることが大切だ。ふたりの人間が、共通して知っている樹木の育ちぐあいについて話すとか、いま食べたばかりのパンの味について話すとか、仕事での共通の経験について話す場合でも、自分たちの話していることをふたりがともに経験していて、かつ、上の空にならずに話せば、意味がある。反対に、政治や宗教について論じる場合でも、くだらない会話になることがある。ふたりとも常套句《じょうとうく》ばかり使って話し、その言葉に心がこもっていない場合だ。

ついでに、ひとつ言い添えておきたい。くだらない会話を避けることと同じくらい重要なのが、悪い仲間を避けることである。私のいう悪い仲間とは、たんに、あなたをだめにしようとする悪意ある人たちのことだけではない。そういう仲間は毒をもっていて、こちらを憂鬱《ゆううつ》な気分にするから、もちろん避けるべきだが、そういう人たちだけでなく、ゾンビのような人、つまり肉体は生きているが、魂は死んでいるような人も避けるべきだ。また、くだらないことばかり考え、くだらないことばかり話すような人間も避けたほうがいい。そういう連中は、会話らしい会話はせず、くだらないおしゃべりばかりして、自分の頭で考えようとせず、どこかで聞いたような意見を口にする。

しかしながら、そういう連中をかならずしも避けられるとはかぎらないし、つねに避ける必要があるというわけでもない。こちらが相手の期待に――つまり決まり文句とくだらない話題で――応えず、率直に人間的な態度で応対すれば、そういう連中のほうも、こちらの意外な反応に驚いて、ショックを受け、自分たちの行動をあらためることがある。

他人との関係において精神を集中させるということは、何よりもまず、相手の話を聞くということである。たいていの人は、相手の話をろくに聞かずに、聞くふりをしては、助言すら与える。相手の話を真剣に受け止めず、したがって真剣に答えない。その結果、会話しているふたりはどちらも疲れてしまう。そういう人にかぎって、集中して耳を傾けたらもっと疲れるだろうと思いこんでいるが、それは大まちがいだ。どんな活動でも、集中してやれば、人はますます覚醒し、その後には、自然で心地よい疲れがやってくる。精神を集中させないで何かをしていると、すぐに眠くなってしまい、そのおかげで、一日の終わりにベッドに入ってもなかなか眠れない。

集中するとは、いまここで、全身で、現在を生きることだ。何かをやっているあいだは、次にやることは考えない。いうまでもなく、いちばん集中力を身につけなければならないのは、愛しあっている者たちだ。彼らは往々にして、さまざまな方法を駆使してたがいに相手から逃げようとするものだが、そうではなく、しっかりとそばにいることを学ばなければならない。集中力を身につけるための習練は、最初のうちはひじょうにむずかしく、これではいつまでたっても目的を達成できないのではないかという気分になる。そこで、いうまでもないが、忍耐力が必要となる。何事にも潮時がある。それを知らずに、やみくもに事を急ごうとすると、集中力も、また愛する能力も、絶対に身につかない。忍耐力がどういうものかを知りたければ、懸命に歩こうとしている幼児を見ればいい。転んでも、転んでも、けっしてやめようとせず、少しずつ上手になって、ついには転ばずに歩けるようになる。大人が自分にとって大事なことを追求するとき、子どもの忍耐力と集中力をもってすれば、どんなことでもなしうるのではなかろうか。

自分にたいして敏感にならなければ、集中力は身につかない。これは具体的にはどういうことか。四六時中自分のことを考え、自分を「分析」すべきだということか。機械にたいして敏感というのがどういう意味かを説明するのはむずかしくない。たとえば車を運転する人は、車にたいして敏感だ。聞き慣れない音がかすかにしたり、エンジンの加速力がいつもと少しでもちがうと、運転している人はすぐにそれに気づく。またドライバーは、道路の表面の変化とか、前後の車の動きにも敏感だ。しかしドライバーはそうしたことすべてを考えているわけではない。彼の精神はリラックスしながらも注意を怠らず、自分が精神を集中している状況、すなわち車を安全に運転するという状況に、どんな変化が起きてもわかるように心を開いている。

他の人間にたいする敏感さという問題にも目を向けよう。いちばんわかりやすい例は、赤ん坊にたいする母親の敏感さとすばやい反応である。母親は、子どもの体のどんな変化にも、要求や不安にも、それらがはっきり表にあらわれる前に気づく。赤ん坊の泣く声を聞きつけるとすぐに目をさますが、他のもっと大きな音がしても起きない。要するに、母親は子どもの生命力のあらわれにたいして敏感なのだ。子どものことを四六時中心配しているわけでも、神経をぴりぴりさせているわけでもなく、平静でいながらも注意を怠らず、子どもが発信する大事な信号はひとつ洩らさずキャッチしようと、アンテナを張っている。

同じように、人は自分自身にたいしても敏感になれる。たとえば疲れを感じたり、気分が滅入ったりしたとき、その気分に屈したり、つい陥りがちな後ろ向きの考えにとらわれると、鈍感さを助長することになる。そういうときは、「何が起きたのか」と自問すべきだ。どうして私は気分が滅入るのだろうか、と。また、なんとなくいらいらしたり、腹が立ったり、白昼夢にふけるなどの逃避的な活動をしているときも、それに気づいたら、自問するのだ。

以上の例に共通して重要なのは、変化に気づくことと、手近にある、ありとあらゆる理屈を持ち出してその変化を安易に合理化しないことである。それに加えて、内なる声に耳を傾けることだ。なぜ私たちは不安なのか、憂鬱なのか、いらいらするのか、内なる声はその理由を、たいていすぐに教えてくれる。

たいていの人間には、自分の体にたいする感受性がそなわっている。だから、体の変調やどんなに小さな痛みにでも気づく。こうした体にたいする感受性は比較的経験しやすい。たいていの人間は、健康とはどういう状態なのかを知っているからだ。これにたいして、自分の心にたいする感受性となると、はるかにわかりにくい。というのも、ほとんどの人は、精神的に最高の状態にある人間など、一度も会ったことがないだろう。

私たちは、両親や家族の心の動き、あるいは自分が生まれた社会集団の心の動きを正常とみなし、自分の精神状態がそれとちがわなければ、自分は正常なのだと判断し、それ以上深く考えない。たとえば多くの人は、人を愛せる人間や、高潔な人、勇気や集中力をもった人には一度も会ったことがないかもしれない。いうまでもなく、自身にたいして敏感になるためには、完成された健康な人間の精神がどのようなものであるかを知らなくてはならない。もし幼年時代やその後の人生においてそうした経験をもたなかったら、どうすればその経験を得ることができるだろうか。この問いにたいして明快に答えることはできない。ただこの問いは、私たちの教育制度におけるきわめて重要な問題を示唆している。

私たちは知識を教えるが、人間の成長にとってもっとも重要な教えを授けてはいない。その教えは、人を愛せる成熟した人間でなければ、授けることができない。中国やインドでは、いや西洋でも昔は、傑出した精神的特質をそなえた人がもっとも高く評価された。教師はたんなる知識の伝達者ではないし、知識の伝達が教師のおもな役目ではない。教師のつとめは、人間としてのあるべき姿を伝えることだ。

現代の資本主義社会では、いやソ連〔現在のロシア〕の共産主義社会においても、高い精神性をそなえた人間が賞賛され模倣されることはまずない。みんなから賞賛を浴びるのは、人びとから見られる立場にいる人たちだ。映画スター、テレビ・タレント、コラムニスト、ビジネス界や政界の有力者など。彼らは一般大衆に、身代わりの満足感を与える。ときには、世間を騒がせたというだけで、みんなからさかんに模倣されたりする。

しかし、状況はまったく絶望的というわけでもなさそうだ。アルベルト・シュヴァイツァーのような人さえ、アメリカで有名になったのだから。人間が（広い意味での）エンタテイナーとしてではなく、ひとりの人間として、どれほどのことができるのかを身をもって示した人は、過去にも現在にも大勢いる。そうした人びとのことを若い世代に教えることだってできるだろう。また、あらゆる時代の偉大な文学や芸術作品を見てみればいい。そうしたことを通して、人間の健康な姿がどのようなものであるか、そして健康でない姿がどのようなものなのかを、はっきりとみんなに示すことができるだろう。成熟した人生がどのようなものであるかという青写真をいきいきと保っていないと、私たちの文化的伝統は全面的に崩壊してしまうかもしれない。この伝統は、特定の知識の伝承にもとづいているわけではなく、ある種の人間的特徴の伝承にもとづいている。次の世代にそうした特徴がなくなれば、たとえ知識が伝承され、発展させられたとしても、五千年続いた文明は崩壊してしまうにちがいない。

ここまでは、どんな技術の習練にも必要なことについて論じてきた。これから、愛の能力にとって特別な重要性をもつ特質について論じることにしよう。愛の本質についてこれまで述べてきたことにしたがえば、愛を達成するためにはまずナルシシズムを克服しなければならない。ナルシシズム傾向の強い人は、自分の内に存在するものだけを現実として経験する。外界の現象はそれ自体では意味をもたず、自分にとって有益か危険かという基準からのみ経験される。

ナルシシズムの反対の極にあるのが客観力である。これは、人間や事物をありのままに見て、その客観的なイメージを、自分の欲望と恐怖によってつくりあげたイメージと区別する能力である。

精神を病んだ人はおしなべて、客観的にものを見る能力が極端に欠如している。正気を失った人間にとって、存在する唯一の現実は、自分のなかにある、欲望と恐怖がつくりあげた現実である。精神を病んだ人は、外界を自分の内的世界の象徴とみなす。あるいは自分が生み出したものとみなす。私たちも、夢のなかではそれと同じように考える。夢では、私たちが出来事をつくりあげ、ドラマを上演する。それは自分の欲望と恐怖の表現である（洞察と判断の表現であることもある）。私たちは、眠っているあいだは、夢がつくりだすものは覚醒時に知覚する現実と同じくらい現実的だと確信している。

正気を失った人や眠っている人は、外界を客観的に見ることがまったくできない。しかし私たちはみんな多かれ少なかれ正気を失っており、程度の差はあれ眠っているのであるから、誰も世界を客観的に見ることはできない。言い換えれば、ナルシシズムによって歪められた世界を見ている。わざわざ例を挙げる必要があるだろうか。例を見つけたければ、自分やまわりの人を見てみればいい。あるいは新聞を読めばいい。ナルシシズムによって現実をどの程度歪めているかはさまざまだ。たとえば、ある女性が医者に電話して、その日の午後に診察を受けたいと言ったとする。医者は「今日は時間がありませんが、明日だったら診察できます」と答える。すると女性は「でも先生、うちからら医院まではたった五分なんですよ」と言い返す。医者は「あなたにとってはどんなに近くても、それで私の時間が節約できるわけではありませんよ」と説明するが、彼女には理解できない。彼女は状況をナルシシズム的に経験しているのだ。自分は時間が節約できるのだから、先生だってできるはずだ、と。彼女にとっての唯一の現実は彼女自身なのだ。

人間関係によく見られる歪みは、ここまで極端ではない。というより、これほどはっきりとは外にあらわれない。世の多くの親たちは、子どもの反応を、従順だとか、親としてうれしいとか、親の自慢だとかいったふうにしか受けとることができず、子どもが実際に感じていることに気づかないどころか、興味すらない。また、妻のことを高圧的だと感じている夫も多いが、彼らは自分の母親に執着しているため、他人からどんなに些細な要求をされても、自由が制限されるように感じるのだ。いっぽう、夫のことを無能で馬鹿だと感じている妻も多い。子どものころ、白馬にまたがったハンサムな王子を夢みていたのに、夫がそのイメージとは懸《か》け離《はな》れているからだ。

周知のとおり、私たちはよその国を、どうしても客観的に見ることができない。よその国は堕落しきった極悪非道な国のように見え、自分の国はあらゆる善と高貴さを代表しているように見える。敵の行動を評価するときと、自分たちの行動を評価するときとでは、それぞれちがう物差しを使う。敵がどんなによいことをしても、あれは世界を欺《あざむ》こうとする特別の邪悪さのあらわれにちがいないと思ってしまう。反対に、自分たちが悪いことをしても、それは必要なことであり、立派な目的のためだから仕方がない、というふうに考える。結局のところ、国際関係においても、人間関係においても、客観性はまれにしか見られず、相手のイメージは多かれ少なかれナルシシズムによって歪められている、と結論せざるをえない。

客観的に考える能力、それが理性である。理性の基盤となる感情面の姿勢が謙虚さである。子どものときに抱いていた全知全能への夢から覚め、謙虚さを身につけたときにはじめて、自分の理性を働かせることができ、客観的にものを見ることができるようになる。

このことを、私たちが論じている愛の技術の習練にあてはめてみると、以下のようになる。人を愛するためには、ある程度ナルシシズムから抜け出ていることが必要であるから、謙虚さと客観性と理性を育てなければならない。自分の生活全体をこの目的に捧げなければならない。謙虚さや客観性を場面によって使い分けることはできないが、愛も同様である。他人を客観的に見ることができなければ、自分の家族を客観的に見ることもできない。その逆も同様である。愛の技術を身につけたければ、あらゆる場面で客観的であるよう心がけなければならない。また、どういうときに自分が客観的でないかについて敏感でなければならない。他人とその行動について自分が抱いているイメージ、すなわちナルシシズムによって歪められたイメージと、こちらの関心や要求や恐怖にかかわりなく存在している、その他人のありのままの姿とを、区別できなければならない。

客観性と理性を身につけただけでは、愛の技術へといたる道はまだ半分しか来たことにならないが、自分がかかわりをもつすべての人にたいして、客観性と理性を働かせなければならない。「愛する人にたいしては客観的になろう。それ以外の人はどうでもいいや」などと考えていると、結局は誰にたいしても客観的になれない。

人を愛せるかどうかは、ナルシシズムや、母親や身内にたいする近親相姦的な病的執着から、どれくらい抜け出ているかによる。また、外の世界や自分自身との関係において生産的な方向性を育てる能力が、どれくらい身についているかにもよる。この脱却、新たな誕生、覚醒の過程で、あるひとつの資質が必要条件となる。それは「信じる」ということである。愛の技術の習練には、「信じる」ことの習練が必要なのだ。

「信じる」とは何か。「信じる」というと、神や宗教の教義への信仰心がまっさきに頭に浮かぶが、そのことなのだろうか。「信じる」ことは、必然的に、理性や合理的思考とは対照的なもの、あるいはそこから分離したものだろうか。「信じる」という問題について考える前に、まず、理にかなった信念と、根拠のない信念とを区別しなくてはならない。私のいう根拠のない信念とは、道理にかなわぬ権威への服従にもとづいた、（ある人物や理念への）信仰のことである。それにたいして、理にかなった信念とは、自分の思考や感情の経験にもとづいた確信である。それは、何かをやみくもに信じることではなく、私たちが確信を抱くときに生まれる、確かさと手応えのことだ。信念は、人格全体に影響をおよぼす性格特性であり、ある特定の信条のことではない。

理にかなった信念は、知性や感情における生産的な活動に根ざしている。合理的思考には信念など入りこむ余地はないと思われているが、理にかなった信念は合理的思考の重要な構成要素である。たとえば、科学者はどのようにして新発見をするのか。自分が何を発見するかについてのなんのヴィジョンももたずに、やみくもに何度も実験を繰り返し、事実を積み重ねることからはじめるのだろうか。どんな分野であれ、そんなふうにして真に偉大な発見がなされることはまずない。だからといって、幻想を追っているだけでは重要な結論に達することはできない。人間の努力のどんな分野においても、創造的思考のプロセスは、「根拠のあるヴィジョン」とでも呼びうるものからはじまる。この根拠あるヴィジョンは、事前に調査を重ね、考察をめぐらし、観察した結果、得られる。

科学者が、データをじゅうぶんに集める、または、自分が最初に思い描いたヴィジョンの正当性を保証するように思われる公式を打ち立てることができたら、それでひとまず、実験的仮説に到達したと言ってよかろう。さらにその仮説を綿密に分析し、その仮説の意味を深く吟味し、裏づけとなるようなデータを積みあげることで、より適切な仮説が生まれ、さらに、適用範囲のもっと広い理論ができあがるかもしれない。

科学の歴史を振り返ってみれば、理性にたいする信念や、真理のヴィジョンにたいする信念の例を、いくらでも見つけることができる。コペルニクス、ケプラー、ガリレオ、ニュートンらは、理性にたいして揺るぎない信念を抱いていた。そのためにブルーノは火刑に処せられ、スピノザは破門された。根拠あるヴィジョンの着想から理論の構築にいたる過程のあらゆる段階において、信念は不可欠だ。まず、ヴィジョンを、追求するに値する道理にかなった目標として信じること。次いで、仮説を、信頼できそうな前提として信じること。そして最後に、できあがった理論を、少なくともその正しさが一般に認められるまで、信じつづけること。

この信念は、自分自身の経験や、自分の思考力・観察力・判断力にたいする自信に根ざしている。根拠のない信念は、ある権威、あるいは多数の人びとがそう言っているからというだけの理由で、何かを真理として受け入れることだ。それにたいして、理にかなった信念は、大多数の意見とは無関係な、自身の生産的な観察と思考にもとづいた、他のいっさいから独立した確信に根ざしている。

理にかなった信念があらわれる経験領域は、思考と判断だけではない。人間関係においても、信念は、どんな友情や愛にも欠かせない特質である。他人を「信じる」ことは、その人の基本的な態度や人格の核心部分や愛が、信頼に値し、変化しないものだと確信することである。これは、人は意見を変えてはならないという意味ではない。ただ、根本的な信念は変わらないのだ。たとえば、生命や人間の尊厳にたいする畏敬《いけい》の念はその人の一部分であって、変わることはない。

同じ意味で、私たちは自分を「信じる」。私たちは自分のなかに、ひとつの自己、いわば芯のようなものがあることを確信する。どんなに境遇が変わろうとも、また意見や感情が多少変わろうとも、その芯は生涯を通じて消えることなく、変わることもない。この芯こそが「私」という言葉の背後にある現実であり、「私は私だ」という確信を支えているのはこの芯である。自分のなかに自己がしっかりあるという確信を失うと、「私は私だ」という確信が揺らいでしまい、他人に頼ることになる。そうなると、「私は私だ」という確信が得られるかどうかは、その他人にほめられるかどうかに左右されることになってしまう。

自分を「信じている」者だけが、他人にたいして誠実になれる。なぜなら、自分に信念をもっている者だけが、「自分は将来も現在と同じだろう、したがって自分が予想しているとおりに感じ、行動するだろう」という確信をもてるからだ。自身にたいする信念は、他人にたいして約束ができるための必須条件である。そして、ニーチェが言ったように、約束できるということが人間の最大の特徴であるから、信念は人間が生きていることの条件のひとつなのである。

愛に関していえば、重要なのは自分の愛にたいする信念である。つまり、自分の愛は信頼に値するものであり、他人のなかに愛を生むことができる、と「信じる」ことである。

他人を「信じる」ことのもうひとつの意味は、他人の可能性を「信じる」ことである。この信念のもっとも初歩的な形は、生まれたばかりの赤ん坊にたいして母親が抱く信念である。つまり、この子は生き、成長し、歩き、話すようになるだろう、という信念だ。子どもの発達はきわめて規則的だから、それを期待するのに信念など必要ないように思われるが、発達しないかもしれない潜在能力となると、話は別だ。つまり、人を愛するとか、幸福になるとか、理性を使うといったことにたいする可能性、あるいは芸術的才能のようなもっと特殊な可能性である。これらの可能性は、いわば種子であり、もしその発達を促すような条件が整えば成長するし、そうした条件がなければ枯れてしまう。

子どもの発達のための諸条件のうち、もっとも重要なもののひとつは、子どもの人生において重要な役割を演じる人物が、そうした潜在的可能性にたいして信念をもっているかどうかということである。その信念があるかどうかが、教育と洗脳のちがいである。教育とは、子どもがその可能性を実現していくのを助けることである。[*48] 教育の反対が洗脳である。これは、子どもの潜在的可能性の成長にたいする信念の欠如と、「大人が望ましいと思うことを子どもに吹きこみ、望ましくないと思うことを禁止すれば、子どもは正しく成長するだろう」という思いこみにもとづいている。ロボットにたいして信念をもつ必要はない。ロボットには生命がないのだから。

他人を「信じる」ということを突きつめていけば、人類を「信じる」ということになる。西洋では、この信念は、宗教の分野ではユダヤ＝キリスト教にあらわれている。世俗的には、過去一五〇年間の人道主義的な政治・社会思想にあらわれている。子どもを「信じる」ことと同じく、人類を「信じる」ということは、次のような理念にもとづいている。すなわち、人間には可能性があるので、適当な条件さえ与えられれば、平等・正義・愛という原理にもとづいた社会秩序を打ち立てることができる、という理念である。人間はまだそうした秩序を打ち立てるにはいたっていないが、だからこそ、きっと打ち立てることができるという確信を抱くには、信念が必要なのである。しかし、理にかなった信念がすべてそうであるように、この信念も願望的思考ではない。人類がこれまでになしとげてきたことや、個々人の内的経験、つまり自分の理性や愛の経験によって裏づけられているのだ。

根拠のない信念は、圧倒的に強くて全知全能のように感じられる権力に服従し、自分の力を放棄することによって支えられている。いっぽう、理にかなった信念は、それとは反対の経験にもとづいている。ある考えにたいして、理にかなった信念を抱くこともある。その考えが、自分の観察と思考の結果だからだ。他人や自分や人類全体の可能性にたいして、理にかなった信念を抱くこともある。それは、自分の可能性の開花や、内的成長や、理性や愛の能力を、自身で実感しているからである。

理にかなった信念の根底にあるのは生産性である。信念にしたがって生きるということは、生産的に生きるということだ。したがって、他人を支配するという意味での力、つまり権力を信じたり用いたりすることは、信念とは正反対のことである。現在すでにある力を信じるということは、まだ実現されていない可能性の将来を信じないということであり、いま目に見えるものだけにもとづいて未来を予想することだ。これはとんでもない見当ちがいであり、人間の可能性と成長を見落としているという点で、まったく道理にかなっていない。権力にたいする理にかなった信念などはありえない。あるのはただ権力にたいする屈服である。権力を握っている側からすれば、それはいつまでも権力を手放したくないという願望にほかならない。多くの人にとっては、権力はこのうえなく現実的なものであるかのように思われるかもしれないが、人類の歴史を振り返ってみればわかるように、人間のなしとげたもののなかで、権力ほど不安定なものはない。信念と権力はたがいに相容れないものであるから、宗教や政治は、最初は理にかなった信念にもとづいて打ち立てられたとしても、権力に寄りかかったり、権力と結託したりすると、腐敗し、結局は権力を失うことになる。

さらに、信念をもつには勇気がいる。勇気とは、あえて危険をおかす能力であり、苦痛や失望をも受け入れる覚悟である。

安全と安定こそが人生の第一条件だという人は、信念をもてない。防御システムをつくりあげ、そのなかに閉じこもり、他人と距離をおき、自分の所有物にしがみつくことで安全をはかろうとする人は、自分で自分を囚人にしてしまうようなものだ。愛されるには、そして愛するには、勇気が必要だ。ある価値を、これがいちばん大事なものだと判断し、思い切ってジャンプし、その価値にすべてを賭ける勇気である。

この勇気は、虚勢を張ることで有名だったムッソリーニが「危険をおかして生きよ」というスローガンで訴えたような勇気とはまったくちがう。ムッソリーニが言っている勇気は、ニヒリズムの勇気であり、その根底にあるのは、どうしても人生を愛することができないから、いっそ投げ出してしまおうという、人生にたいする破滅的な態度である。蛮勇《ばんゆう》とでも呼ぶべきこの勇気は、愛の勇気とは正反対だ。権力にたいする信念と、愛にたいする信念が正反対であるのと同じだ。

信念と勇気に関して、何か練習すべきことはあるだろうか。信念は四六時中習練を積むことができる。子どもを育てるには信念がいるし、眠るにも信念がいる。どんな仕事も、それをはじめるには信念が必要だ。私たちの誰もが、この種の信念には慣れている。この信念がないと、子どものことを心配しすぎたり、不眠症に苦しめられたり、自分には生産的な仕事ができないと悩んだりする。あるいは、疑い深くなって、他人に近づけなかったり、自分の健康状態を気にしすぎたり、長期の計画をいっさい立てられなくなったりする。

ある他人にたいしてある評価をくだし、たとえそれがみんなの意見とちがっていても、また、何か不意の出来事によってその評価が否定されそうになっても、その評価を守り通すには、信念と勇気が必要だ。あるいは、みんなに受け入れられなくとも、自分の確信を守り通すには、やはり信念と勇気がいる。困難に直面したり、壁にぶちあたったり、悲しい目にあったりしても、それを、自分には起こるはずのない不公平な罰だとみなしたりせず、自分に課せられた試練として受け止め、これを克服すればもっと強くなれるはずだというふうに考えるには、やはり信念と勇気が必要だ。

信念と勇気の習練は、日常生活のごく些細なことからはじまる。第一歩は、自分がいつどんなところで信念を失うか、どんなときにずるく立ち回るか、それをどんな口実で正当化しているかを詳しく調べることだ。そうすれば、信念にそむくごとに自分が弱くなっていき、弱くなったためにまた信念にそむく、といった悪循環に気づくだろう。また、それによって次のようなことがわかるはずだ。つまり、人は意識のうえでは愛されないことを恐れているが、ほんとうは無意識のなかで、愛することを恐れているのだ。

人を愛するということは、なんの保証もないのに行動を起こすことであり、こちらが愛せばきっと相手の心にも愛が生まれるだろうという希望に全身を委ねることである。愛とは信念の行為であり、わずかな信念しかもっていない人は、わずかしか愛せない。

信念の習練について、これ以上何か言うことがあるだろうか。他の人だったら、もっと言えるかもしれない。もし私が詩人か牧師だったら、もっと言おうと努めるかもしれない。だが私はそのどちらでもないので、信念の習練についてこれ以上何か言おうとは思わない。ほんとうに関心のある人なら、子どもが歩くことをおぼえるように、信念を身につける術をおぼえるだろう。

愛の習練にあたって欠かせない姿勢がひとつある。それについて、これまでは暗に仄《ほの》めかすだけだったが、ここではっきりと論じよう。というのも、それは実際に人を愛することの基盤だからだ。何かというと、それは能動性である。

先に述べたように、能動とはたんに「何かをする」ことではなく、内的能動、つまり自分の力を生産的に用いることである。愛は能動である。人を愛するとき、私は愛する人にたいしてつねに能動的にかかわるが、その人だけにかかわるわけではない。もし私が怠慢だったら、つまり、つねに意識を働かせ、注意を怠らず、能動的でなかったら、愛する人にたいして能動的にかかわることはできない。人間が能動的でなくてよいのは眠っているあいだだけだ。覚醒状態には、怠慢の入る余地などない。ところが今日、ほとんどの人は逆説的状況に置かれ、目が覚めているときは半分眠っており、眠っているときや眠ろうとするときには半分起きている。自分が退屈したり、相手を退屈させたりしないためには、完全に目が覚めていなければならない。

じつは、退屈したり退屈させたりしないことは、人を愛するための大事な条件のひとつだ。思考においても感情においても能動的になり、一日じゅう目と耳を駆使することと、そして、なんでも受けとったまま溜めこむとか、たんに時間を無駄に過ごすといった、内的な怠慢を避けること、これが、愛の技術の習練にとって欠かせない条件のひとつである。愛情面では生産的だが、他のすべての面では非生産的、というふうに生活がきれいに分割されることはありえない。生産性はそのような分業を許さない。人を愛するためには、精神を集中し、意識を覚醒させ、生命力を高めなくてはならない。そしてそのためには、生活の他の面でも生産的かつ能動的でなければならない。愛以外の面で生産的でなかったら、愛においても生産的にはなれない。

愛の技術について論じるにあたっては、この章で述べたような性格特性や姿勢を身につけてさらに発達させるといった、個人的な面についてだけ論じるわけにはいかない。そうした個人的な側面は、社会的な側面と密接につながっている。もし愛するということが、誰にたいしても愛情豊かな態度をとることを意味するとしたら、また、愛が性格特性だとしたら、当然ながら、家族や友人との関係にだけでなく、仕事上で接触するような人たちとの関係にも、愛があるはずだ。身内にたいする愛と、赤の他人にたいする愛とのあいだの「分業」はありえない。赤の他人を愛せなかったら、身内も愛せない。

この考えを真剣に受けとめるなら、社会的な関係を、ふつうに考えられているような関係から大きく変えなければならなくなる。隣人愛という宗教的な理想について、誰もが口先だけであれこれ言っているが、実際には、私たちの人間関係はせいぜいのところ、公平の原理によって決定されている。ここでいう公平さとは、商品やサーヴィスの交換だけでなく、感情の交換においても、人を騙したり策略を用いたりしないということである。資本主義社会では、物だけでなく愛においても、「あなたが私にくれるぶんだけ、私もあなたにあげる」というのがもっとも一般的な倫理原則になっている。公平という倫理の発展が、倫理にたいする資本主義社会の最大の貢献だと言っても過言ではない。

その理由は、資本主義社会の性質そのもののなかにある。資本主義以前の社会では、商品物の交換は、権力とか、伝統とか、愛や友情などの個人的な絆などによって決定されていたが、資本主義社会においてすべてを決定するのは、市場における交換である。商品市場でも、サーヴィスの市場でも、労働市場でも、人は、力も詐術も用いることなく、市場のルールにしたがって、自分がもっている売り物を、手に入れたい物と交換する。

公平の倫理は、黄金律の倫理とよく混同される。「人にしてもらいたいと思うことは、人にもしなさい」という黄金律は、「人と何かを交換するときは、公平であれ」という意味だとも解釈できる。だが黄金律はもともと、「汝のごとく汝の隣人を愛せ」という聖書の言葉をもっと一般的にしたものである。実際、友愛に関するユダヤ＝キリスト教の規範は、公平の倫理とはまったく別物である。それは、隣人を愛すること、つまり隣人にたいして責任を感じ、自分はその人と一体であると感じることである。それにたいして、公平の倫理とは、責任も一体感もおぼえず、自分は隣人とは遠く離れ、隔絶していると感じることであって、隣人の権利を尊重することではあるが、隣人を愛することではない。今日、黄金律がもっともよく知られた宗教的格言となったことは、けっして偶然ではない。なぜなら黄金律は、公平の倫理規範とも解釈できるので、誰もが理解でき、誰もがすすんで実践しようと思うからである。しかし愛の習練にあたっては、まず公平と愛のちがいを知らなければならない。

ところがここで重要な問題が生じる。もし現代の社会経済組織全体が、自分の利益ばかりを追求する個々人から構成されていて、自己中心主義に支配され、利己主義が公平の倫理によってかろうじて抑えられているのだとしたら、既存の社会の枠組みのなかで商売をし、行動をしながら、愛の習練を積むことなど、はたしてできるのだろうか。愛の習練を積むには、世俗的な欲求をすべて断念し、もっとも貧しい人びとと生活をともにしなければならないのではないだろうか。この問いは、キリスト教の修道士や、トルストイ、アルベルト・シュヴァイツァー、シモーヌ・ヴェイユらによって根本的な形で提起され、回答を与えられてきた。

また、私たちの社会では愛とふつうの世俗的生活とは根本的に両立しない、と考える人たちもいる。*49 そういう人たちはこう主張する──現代において愛を語ることは、広く蔓延《まんえん》している詐欺に荷担《かたん》することでしかない。現代社会において人を愛せるのは殉教者か心を病んだ人だけであり、愛についての議論はすべてただの説教にすぎない。

まことに立派な意見だが、こういう考え方はシニシズムを合理化することにつながる。たしかに、一般の人びともひそかにそう考えていて、「良きキリスト教徒でありたいが、本気でそう思うなら餓死するほかない」と思っている。こうした「急進主義」は結局、道徳的ニヒリズムに陥る。「急進的な思想家」も、一般の人びとも、どちらも人を愛せないロボットであり、両者の唯一のちがいは、一般の人びとはそれに気づいていないのにたいし、思想家はそれを知っており、この事実が「歴史的に必然」であることを認識している、という点である。

愛と「ふつうの」生活とは絶対に両立しないという主張は、抽象的な意味では正しい。たしかに資本主義を支えている原理と、愛の原理とは、両立しえない。しかし現代社会を冷静に見てみると、それが複雑な現象であることがわかる。たとえば、実際には役に立たない商品を売りあるくセールスマンは、嘘をつかなければ利益をあげられないが、熟練労働者や化学者や医者は嘘をつく必要がない。同様に、農民、労働者、教師、その他さまざまなビジネスマンは、仕事をやめなくても愛の習練を積むことができる。資本主義の原理が愛の原理と両立しないことは確かだとしても、「資本主義」それ自体は複雑で、その構造はたえず変化しており、いまでも非同調や個人の自由裁量をかなり許容していることも確かである。

だからといって、現在の社会制度は永遠に続くだろうとか、現在の社会制度はやがて理想的な友愛を生むだろう、などと言うつもりはまったくない。現在の制度のもとで人を愛せる人は、当然ながら例外的な存在である。現在の西洋社会において、愛が二次的な現象であることはやむをえない。それは多くの職業が、人を愛する姿勢を許容しないからではなく、むしろ、生産を重視し、貪欲に消費しようとする精神が社会を支配しているために、非同調者だけがそれにたいしてうまく身を守れるからだ。したがって、愛のことを真剣に考え、愛こそが、いかに生きるべきかという問題にたいする唯一の理にかなった答えであると考えている人びとは、次のような結論にいきつくはずだ。すなわち、愛が、きわめて個人的で些細な現象ではなく、社会的な現象になるためには、現在の社会構造を根本から変えなければならない、と。

どのような方向へと変えなければならないのかについては、本書では仄めかすことしかできない。[*50] 現代社会は、企業の経営陣と職業的政治家によって運営されており、人びとは大衆操作によって操られている。人びとの目的は、もっと多く生産し、もっと多く消費することだ。それが生きる目的になっている。すべての活動は経済上の目標に奉仕し、手段が目的と化している。いまや人間はロボットである。おいしい物を食べ、しゃれた服を着てはいるが、自分のなかにあるきわめて人間的な資質や社会的役割にたいする究極的な関心をもっていない。

人を愛せるようになるためには、人間はその最高の位置に立たなければならない。経済という機構《メカニズム》に奉仕するのではなく、経済機構が人間に奉仕しなければならない。たんに利益を分配するだけでなく、経験や仕事も分配できるようにならなければいけない。人を愛するという社交的な本性と、社会生活とが、分離するのではなく一体化するような、そんな社会をつくりあげなくてはならない。

私が証明しようとしたのは、愛こそが、いかに生きるべきかという問いにたいする唯一の健全で満足のいく答えだということである。もしそうだとしたら、愛の発達を阻害するような社会は、人間の本性の基本的欲求と矛盾しているから、やがては滅びてしまう。実際、愛について語ることは「説教」ではない。その理由は明白だ。愛について語ることは、どんな人間のなかにもある究極の欲求、真の欲求について語ることだからだ。この欲求は目に見えないものになってしまっているが、だからといってそれが存在しないということにはならない。

愛の性質を分析するということは、今日、愛が全般的に欠けていることを発見し、愛の不在の原因となっている社会的な諸条件を批判することである。例外的・個人的な現象としてだけでなく、社会的な現象としても、愛の可能性を信じることは、人間の本性そのものへの洞察にもとづいた、理にかなった信念なのである。

原註

引用については、邦訳のあるものは参考にさせて頂いたことを謝意を込めて明記しておくが、基本的にフロムが引用している英文から訳した。

＊1　サディズムとマゾヒズムについてもっとくわしく知りたい読者は、拙著 *Escape from Freedom*, Rinehart & Company, New York, 1941（邦訳：『自由からの逃走』日高六郎訳、東京創元社）を参照されたい。

＊2　Spinoza, *Ethics* IV, Def. 8.（邦訳：スピノザ『エチカ』4－8、畠中尚史訳、岩波文庫など）

＊3　この種の性格についてもっとくわしく知りたい読者は拙著 *Man for Himself*, Rinehart & Company, New York, 1947（邦訳：『人間における自由』谷口隆之助・早坂泰次郎訳、東京創元社）第三章を参照されたい。

＊4　スピノザによる喜びの定義と比較されたい。

＊5　"Nationalökonomie und Philosophie," 1844, published in Karl Marx, *Die Frühschriften*, Alfred Kröner Verlag, Stuttgart, 1953, pp. 300-301.（邦訳：マルクス『経済学・哲学草稿』長谷川宏訳、光文社古典新訳文庫など）

＊6　I. Babel, *The Collected Stories*, Criterion Books, New York, 1955.

＊7　以上の議論は、現代西洋社会における心理学の役割に関して、重要なヒントを含んでいる。心

理学はひじょうに人気がある。これはたしかに、人間を知りたいという興味のあらわれだが、同時に、現代の人間関係には根本的に愛が欠けていることのあらわれでもある。つまり現代人は、愛の行為によって相手を完全に知ることへと一歩踏み出すかわりに、心理学的に知ることをもってその代用品としているのだ。

＊8 R. A. Nicholson, *Rūmī*, George Allen and Unwin, Ltd., London, 1950, pp. 122-3.

＊9 フロイト自身も、生の衝動と死の衝動という後期の概念において、この方向へ一歩踏み出している。総合と統一の原理としての生の衝動（エロス）という概念は、リビドーの概念とはまったく異なる次元のものである。正統派の分析家たちは、この生の衝動と死の衝動の理論を受け入れたが、とくに臨床の仕事においては、それによってリビドー概念が根本的に見直されることはなかった。

＊10 サリヴァンは *The Interpersonal Theory of Psychiatry*, W. W. Norton & Co., New York, 1953（邦訳：H・S・サリヴァン『精神医学は対人関係論である』中井久夫他訳、みすず書房）のなかで、この発達について述べている。

＊11 Simone Weil, *Gravity and Grace*, G. P. Putnam's Sons, New York, 1952, p. 117.（邦訳：シモーヌ・ヴェイユ『重力と恩寵』田辺保訳、ちくま学芸文庫など）

＊12 同じ考えは、Hermann Cohen, *Religion der Vernunft aus den Quellen des Judentums*, 2nd edition, J. Kaufmann Verlag, Frankfurt am Main, 1929, p. 168 ff.（ヘルマン・コーエン『ユダヤ教の源泉から理性の宗教へ』）においても述べられている。

＊13 パウル・ティリッヒは「パストラル・サイコロジー」誌一九五五年九月号で拙著『正気の社会』

を書評した際に、「自己愛」などという曖昧な言葉を使うのはやめて、「自然な自己肯定」とか「逆説的な自己容認」といった表現を用いたらどうかと提案した。この提案の趣旨はよくわかるが、次のような理由で賛成しかねる。「自己愛」という用語のほうが、自己愛に含まれる逆説的な要素がよくあらわれている。自分自身を含め、あらゆる対象にたいする愛がありうるのだという事実をよく表わしている。また、ここで用いているような意味での「自己愛」という言葉には歴史があるということも忘れてはならない。「汝のごとく汝の隣人を愛せ」という聖書の命令は自己愛について語っているし、マイスター・エックハルトもまったく同じ意味の自己愛について語っている。

＊14 John Calvin, *Institutes of the Christian Religion*, translated by J. Albau, Presbyterian Board of Christian Education, Philadelphia, 1928, Chap. 7, par. 4, p. 622.（邦訳：ジャン・カルヴァン『キリスト教綱要』渡辺信夫訳、新教出版社など）

＊15 *Meister Eckhart*, translated by R. B. Blakney, Harper & Brothers, New York, 1941, p. 204.

＊16 「詩篇」二二・九

＊17 これはとくに西洋の一神教にあてはまる。インドの宗教では、母親像が、たとえば女神カーリーにおいて、かなりの影響力を保持した。仏教や道教では、神——あるいは女神——の概念は、完全に消えてしまってはいないが、本質的重要性をもたない。

＊18 *The Guide for the Perplexed*（『途方に暮れた者たちの手引き』）における、否定的属性に関するマイモニデスの考え方を参照されたい。

＊19 アリストテレス『形而上学』一〇〇五B二〇（邦訳：出隆訳、岩波文庫など）

＊20 Lao-tse, *The Tâo Teh King, The Sacred Books of the East*, ed. by F. Max Mueller, Vol. XXXIX, Oxford University Press, London, 1927, p. 120.

＊21 W. Capelle, *Die Vorsokratiker*, Alfred Kroener Verlag, Stuttgart, 1953, p. 134.

＊22 同右 p. 132.

＊23 同右 p. 133.

＊24 前掲 Mueller, p. 69.

＊25 同右 p. 79.

＊26 同右 p. 112.

＊27 同右 p. 113.

＊28 同右 p. 47.

＊29 同右 p. 57.

＊30 同右 p. 100.

＊31 H. R. Zimmer, *Philosophies of India*, Pantheon Books, New York, 1951.

＊32 同右

＊33 同右 p. 424.

＊34 同右 p. 424.

＊35 *Meister Eckhart*, translated by R. B. Blakney, Harper & Brothers, New York, 1941, p. 114.

＊36 同右 p. 247. マイモニデスの否定神学も参照されたい。

＊37 同右 pp. 181-2.

＊38　人間疎外の問題や、現代社会が人間の性格におよぼす影響の問題について、もっとくわしく知りたい方は、拙著 *The Sane Society*, Rinehart & Company, New York, 1955（邦訳：『正気の社会』加藤正明・佐瀬隆夫訳、社会思想社）をお読みいただきたい。

＊39　S. Freud, *Civilization and Its Discontents*, translated by J. Riviere, The Hogarth Press, Ltd., London, 1953, p. 69.（邦訳：フロイト「文化への不満」『幻想の未来／文化への不満』中山元訳、光文社古典新訳文庫所収など）

＊40　同右 p. 69.

＊41　同右 p. 21.

＊42　Freud, *Gesamte Werke*, London, 1940-52, Vol. X.（邦訳：フロイト「転移性恋愛についての見解」道籏泰三訳、『フロイト全集』13、岩波書店所収など）

＊43　ザンドル・フェレンチは、師フロイトと訣別しなかった唯一の弟子だが、晩年になって愛に関する考え方を変えた。このテーマをめぐる興味深い議論については、Izette de Forest, *The Leaven of Love*, Harper & Brothers, New York, 1954（ド・フォレスト『愛の種子』）を参照されたい。

＊44　前掲H. S. Sullivan, *The Interpersonal Theory of Psychiatry*, p. 246.（『精神医学は対人関係論である』）注意すべきことは、サリヴァンは思春期以前の子どもが抱くさまざまな欲望との関連で、このように定義しているのだが、その欲望を、前思春期にあらわれる統合化の傾向として論じている。その傾向は、「完全な発達を遂げたときに愛と呼ばれるものである」。そして、この前思春期における愛は、「じゅうぶんに成熟した、精神医学的に愛と定義されるものにきわめてよく似たものの萌芽を示している」という。

＊45 同右 p. 246. サリヴァンによる愛のもうひとつの定義、すなわち、人が相手の欲求を自分の欲求と同じくらい重要だと感じたときに愛は始まるという定義は、右の定義よりも資本主義的な色合いがうすい。

＊46 ある技術の習得に必要な集中、規律、忍耐、関心についてもっと具体的に知りたい方は、E. Herrigel, *Zen in the Art of Archery*, Pantheon Books, Inc., New York, 1953（邦訳：オイゲン・ヘリゲル『弓と禅』稲富栄次郎・上田武訳、福村出版）を参照されたい。

＊47 東洋の文化、とくにインド文化には、この種の理論や習練法がかなりあるが、最近では西洋でも同じ目的の探求がなされている。私のみたところ、いちばん重要なのはジンドラーの学派で、この学派が目的としているのは自分の肉体を感じることである。ジンドラー・メソッドをもっとよく知りたい方は、ニューヨークの社会科学新学校（ニュースクール）でのシャーロット・セルヴァーの講義やゼミに参加してみることをお勧めする。

＊48 教育 education という語は、ラテン語の e-ducere から来ており、これは文字どおり「前へ導く」あるいは「潜在的にあるものを外へ引き出す」という意味である。

＊49 Herbert Marcuse, "The Social Implications of Psychoanalytic Revisionism", *Dissent*, New York, summer, 1955（マルクーゼ「精神分析的修正主義の社会的意味」）を参照されたい。

＊50 私は『正気の社会』において、この問題をくわしく論じた。

訳者あとがき

世界的ロングセラーの改訳・新装版をお届けする。

この本がニューヨークで出版されたのは一九五六年、すなわち今から六〇年以上も前のことだが、いまだに世界中で売れつづけ、読みつがれている。わが国でも、一九五九年に邦訳が出版されて以来、一九九一年に小生が担当した「新訳版」と合わせて、約五〇万部を発行したそうである。

安手の恋愛指南書ならばそこいらにゴロゴロしているが、愛をめぐるこのような高尚で真面目な議論を探し出すのは容易ではない。それが、本書が今なお読みつがれている理由であろう。

原題は『愛の技術』*The Art of Loving* である。冒頭にも書かれているように、本書は「愛は技術である」という前提から出発する。

「愛は技術である」などと言われても、ぴんとこない人が多いのではなかろうか。多くの人は、愛を、自分の意志ではどうにもならないものと考えている。多くの人にとって、母性愛のような愛は生得的なものであり、男女の恋愛は、「一目惚れ」という言葉にも示されているように、自然発生的なものである。それを、フロムはあえて「愛は技術である」と言い切る。

わが国では、「男女交際のマニュアル」の類が氾濫している。最近の男の子たちは、雑誌を読んで恋愛のテクニックをおぼえるのだそうだ。デートのときには女の子をどこへ連れていけばいいか、どこで食事すればいいか、何をプレゼントすればいいか、女の子がこういう顔をしていたらどうすればいいか、等々を、男の子たちは雑誌でまなぶのだという。たしかに、交際には技術がいる。だが、人を愛すること自体が技術なのだと考えている人はほとんどいないだろう。誰もが、交際の練習はしても、「愛の習練」を積もうなどとは考えない。その意味で、本書の主張は今もなお新鮮である。

また、愛はきわめて個人的な経験であるという一般の観念にたいしても、フロムは挑戦する。たしかに愛は個人的な経験であり、自分で経験する以外に愛を経験する方法はない。だが、人間が社会的存在である以上、愛も社会構造の大きな影響を受ける。したがって、現代人の愛には現代社会の特徴が反映している。では現代社会の特徴とは何か。フロムに言わせれば、それは「市場原理」である。資本主義と言い換えてもいい。すべてが金に換算され、市場で公平に交換される。だが、フロムが力説しているように、公平の原理のなかに愛は含まれていない。

フロムがこの本を書いてから六〇年以上たった。この間に社会は大きく変化した。だが、「愛は崩壊した」というフロムの主張は今でも通用する。というのも、この六〇年間に状況はますます愛にとって不利になったからである。この時代に本書を読み返してみるのも、けっして無意味ではないだろう。

*

エーリッヒ・フロムは一九〇〇年、フランクフルトのユダヤ人家庭に生まれた。曾祖父も祖父もラビ（ユダヤ教の律法学者）だった。父親は酒屋をいとなんでいたが、やはり若いときからユダヤ教の伝統に忠実だった。それで、フロム自身もタルムード（ユダヤ教の聖典）学者を志したが、結局、大学では法学を修め、その後、精神分析学をまなんで分析家となり、ベルリンで開業した。フロムは、新フロイト派とか、フロイト左派と呼ばれるが、一言でいえば、フロイトの心理学にマックス・ヴェーバーとマルクスを接《つ》ぎ木《き》して、精神分析学を「修正」し、社会心理学を生み出した。

一九三三年にアメリカに移住し、四九年にはメキシコに移住した。そして一九八〇年、スイスのティチーノ州ベリンツォーナで没した。

フロムはユダヤ教の伝統のなかで育ったが、後年、仏教の研究にも没頭し、さらには禅にも取り組み、一九五七年には、クエルナバカ（メキシコ）にあった自宅に、当時八七歳だった鈴木大拙《だいせつ》を招き、共同でゼミナールを催している。

なお、事実上の処女作である『自由からの逃走』、『正気の社会』、『生きるということ』など、フロムの主著はいずれも日本で広く、そして長く読みつがれている。

＊

一九九一年に本書の新訳を手がけてから三〇年たった。エーリッヒ・フロム生誕一二〇年、没後四〇年にあたる本年、改訳・新装版刊行を機に、訳文全体に加筆訂正をほどこした。三〇年の間に古臭くなった言葉は現代の言葉に置き換えた。

以前訳したときも、できるだけ読みやすくなるよう腐心したが、このたびも、「もっと読みやすく」を念頭に、訳文に手を加えた。

改訳箇所はほぼ全ページに及ぶが、もっとも重要な変更は「異性愛」を「恋愛」に変えたことである。原語はerotic loveであるから、最も近い日本語は「性愛」であろう。それをどうして前回は「異性愛」にしたかというと、「性愛」は日常語彙には入っておらず、私たちはこの語を日常的にはほとんど使わないからである。「異性愛」では同性愛を排除してしまうにもかかわらず、どうしてあえて「異性愛」としたかというと、フロムは同性愛を逸脱と考えていたからで、その原著者の認識に寄り添おうと考えたからである。だが、現代精神医学において、同性愛は症患とみなされていないため、もう「異性愛」と訳すべきではないと考えた。しかし、いまもなお「性愛」は日常語ではない。それで、あえて「恋愛」とした。

ただそれによって、ひとつ問題が生じた。恋愛結婚について述べた部分で「恋愛」と訳したのは romantic love である。この romantic love と erotic love の両方を「恋愛」と訳すことになってしまった。これは避けるべきだとも思ったが、使い慣れない「性愛」を用いるよりは良いだろうと判断した。

さきほども述べたように、本書には現在の医学的知識からすれば誤りとされる記述があるが、作品が書かれた時代背景や作品としての価値を鑑み、原書のまま訳出している。なお、著者の言いたいことがより正確に伝わるように、かぎ括弧《かっこ》、傍点《ぼうてん》、改行位置は必ずしも原書に従っていない。

一九九一年の新訳版のときは出版部（当時）の高橋英紀さんのお世話になった。今回は出版部の有馬由起子さんのお世話になった。記して謝意を表したい。

二〇二〇年七月

鈴木 晶

著者 エーリッヒ・フロム Erich Fromm

1900年、ドイツ・フランクフルトに生まれる。ハイデルベルク、フランクフルト、ミュンヘンなどの大学で学んだのち、ベルリンで精神分析学を学ぶ。フランクフルト社会研究所を経て、1933年アメリカに渡り、のちに帰化。イェール、ミシガン州立、ニューヨークなどの大学で教鞭をとり、さらにメキシコに移住。1980年没。

フロイト理論にマルクスやヴェーバーを接合して精神分析に社会的視点をもたらし、いわゆる「新フロイト派」の代表的存在とされた。また、真に人間的な生活とは何か、それを可能にする社会的条件とは何かを終生にわたって追求したヒューマニストとしても有名である。しだいに、禅や東洋宗教へも関心を深めた。著書に、『自由からの逃走』『精神分析と宗教』『人間における自由』(以上、東京創元社)、『生きるということ』『希望の革命』『破壊』『反抗と自由』『人生と愛』(以上、紀伊國屋書店)ほか多数。

訳者 鈴木 晶 すずき・しょう

1952年、東京に生まれる。東京大学文学部ロシア文学科卒業、同大学院人文科学研究科博士課程満期修了。法政大学名誉教授。専攻は文学批評、精神分析学、舞踊学。著書に、『フロイトからユングへ』『フロムに学ぶ「愛する」ための心理学』(以上、NHK出版)、『フロイト以後』(講談社)、『ニジンスキー 踊る神と呼ばれた男』(みすず書房) ほか多数。訳書に、ゲイ『フロイト』(みすず書房)、キューブラー・ロス『死ぬ瞬間』(中公文庫)、ジジェク『イデオロギーの崇高な対象』(河出文庫)ほか多数。

愛するということ

二〇二〇年 九月一〇日 第一刷発行
二〇二四年一一月 八日 第二〇刷発行

著者 エーリッヒ・フロム
訳者 鈴木 晶
発行所 株式会社紀伊國屋書店
東京都新宿区新宿三―一七―七
出版部(編集)電話〇三―六九一〇―〇五〇八
ホールセール部(営業)電話〇三―六九一〇―〇五一九
〒一五三―八五〇四 東京都目黒区下目黒三―七―一〇

ブックデザイン 鈴木成一デザイン室
校正協力 鷗来堂
本文組版 明昌堂
印刷・製本 シナノ パブリッシング プレス
ISBN978-4-314-01177-8 C0010 Printed in Japan
定価は外装に表示してあります